TENENTES

PEDRO DORIA
TENENTES
A GUERRA CIVIL BRASILEIRA

2ª edição

EDITORA RECORD
RIO DE JANEIRO • SÃO PAULO
2022

CIP-BRASIL. CATALOGAÇÃO NA PUBLICAÇÃO
SINDICATO NACIONAL DOS EDITORES DE LIVROS, RJ

D754t
2ª ed.

Doria, Pedro
    Tenentes: a guerra civil brasileira / Pedro Doria. – 2ª ed. –
Rio de Janeiro: Record, 2022.

    ISBN 978-85-01-07315-0

    1. Brasil – História – Tenentismo, 1922-1930. I. Título.

16-31021

CDD: 981.5
CDU: 94(81) '1922-1930'

Copyright © Pedro Doria, 2016

Todos os esforços foram feitos para localizar os fotógrafos das imagens reproduzidas neste livro. A editora compromete-se a dar os devidos créditos em uma próxima edição, caso os autores as reconheçam e possam provar sua autoria.

Todos os direitos reservados. Proibida a reprodução, armazenamento ou transmissão de partes deste livro, através de quaisquer meios, sem prévia autorização por escrito.

Texto revisado segundo o novo Acordo Ortográfico da Língua Portuguesa.

Direitos exclusivos desta edição reservados pela
EDITORA RECORD LTDA.
Rua Argentina, 171 – Rio de Janeiro, RJ – 20921-380 – Tel.: (21) 2585-2000.

Impresso no Brasil

ISBN 978-85-01-07315-0

Seja um leitor preferencial Record.
Cadastre-se em www.record.com.br
e receba informações sobre
nossos lançamentos e nossas promoções.

EDITORA AFILIADA

Atendimento e venda direta ao leitor:
sac@record.com.br

Para Laura, Tomás e Felipe, com a esperança de que só conheçam ditaduras pelos livros de história.

Sumário

Antes: a ressaca   11

Hermes e Epitácio   17
Siqueira   85
Joaquim e Miguel   125
Prestes   181

Depois: a revolução   197
Epílogo   201
Os tenentes e 1964   215
Agradecimentos   225
Notas e referências bibliográficas   227
Índice onomástico   245

Prezado leitor, esta história não se passa no passado remoto. Não há índios ou imperador. Nela, automóveis cruzam a avenida Paulista, jovens cariocas vão à praia paquerar e nos morros se batuca ao ritmo do samba. Cinema e boate são programas típicos da noite e, segunda de manhã, só se fala em futebol. Há deputados, nem sempre honestos, que debatem com ardor no plenário da Câmara. E há uma crise política.

Mas prepare-se.

Porque, naquele tempo, crises políticas se resolviam de outro jeito. Nas próximas páginas, o Rio de Janeiro será bombardeado. São Paulo será bombardeada. Prédios, casas, fábricas, arrasados; estupros e execuções em bairros elegantes à luz do dia e centenas de corpos mortos terminarão espalhados pelas ruas. Um governador se verá sitiado por dias, trincheiras improvisadas à porta do palácio para resistir ao avanço inimigo. Metralhadoras, tanques de guerra. E aviões chegarão muito perto de explodir presidentes. Isto: presidentes. Dois presidentes da República distintos.

Nestas páginas não há uma vírgula de ficção.

Tudo aconteceu assim.

Antes: a ressaca

Rio de Janeiro, 15 de julho de 1921

Naquele tempo, quando fazia sol e calor, o Hotel Central era um dos recantos favoritos de quem tinha boa vida. Prédio imponente. O mais alto da praia, na ponta da rua Paissandu, bairro do Flamengo. Cinco andares e um terraço luxuoso com cúpula, a vista do Pão de Açúcar, e brindes ao *high life* quando caía a tarde. Era só atravessar as duas pistas para encontrar a amurada e, dali, descer os degraus de pedra para chegar à curta faixa de areia. Naqueles dias de sol, as moças jovens e bonitas se refrescavam na água exibindo braços e pernas, uns saiotes curtos acima do joelho que suas mães jamais teriam ousado vestir. Na geração anterior, mal havia quem fosse à praia. Tinha mudado. Tudo mudava. O que havia, havia mesmo, era um clima de que tudo é novo. Uma ideia de crescimento, de rumo ao futuro, um certo ar de que o Brasil estava a ponto de dar certo. Era assim que se sentiam todos. Mas não naquele dia. Naquele dia, quando o menino se colocou perante a escadinha que descia à praia, olhos fixos na violência das ondas, o céu estava cinza-chumbo e a natureza parecia querer pôr abaixo a capital que se reinventava. Segundo dia de ressaca, uma ressaca daquelas que ninguém via desde 1913. Como se uma força natural, invisível e ainda assim presente, resistisse às transformações. Quando uma onda bateu mais forte, uma onda que parecia querer ir para além e ganhar a rua, o menino se assustou. Foi tudo tão rápido. Deu um passo para trás justamente no momento em que um automóvel passava. Atingiu-o em cheio, depois fugiu sem oferecer ajuda. Alguém lembrou de anotar o número: auto particular 58.

O menino se chamava Deodoro da Fonseca, tinha 7 anos.[1] Morava na rua do Catete, 210.

As ondas não parariam naquela sexta-feira, dia 15. Nem no sábado. Subiam seis, sete, oito metros. Chocavam-se contra o litoral na baía de Guanabara. Vencida a faixa de areia, ganhavam as ruas. Um vagalhão chegou a ultrapassar a mureta, as duas pistas e o canteiro arborizado entre elas para lamber a entrada do Hotel Central. Do Observatório, o diretor Henrique Morize tentava explicar a quem lhe perguntasse o fenômeno que unia a queda de temperatura, as chuvas dos dias anteriores e aquele vento que vinha do sul.[2] O que ele não falava era dos aterros que alteravam o quebra-mar. A capital federal estava toda um canteiro de obras. Um ambicioso preparativo para o centenário da Independência, em 1922. E, não longe dali, a destruição era maior.

Na praia em frente à Igreja de Santa Luzia o mar comeu o aterro nascente. Empurrava de volta à terra os dejetos com que tentaram soterrá-lo. As pedras, o solo, o lixo. Empurrava tudo para cima e, no retorno, trazia consigo os trilhos, os vagonetes, as ferramentas dos operários. Era como se tentasse reerguer o morro do Castelo, já parcialmente demolido para o redesenho humano da orla e do centro. No cenário de destruição, distinguia-se apenas um guindaste vermelho, caído, soterrado. O prefeito Carlos Sampaio assistia ao estrago com desamparo, mas também com a convicção que só prefeitos têm de que as obras não atrasariam. De que a festa de 22 seria mantida. Talvez tenha, secretamente, lamentado que ninguém tivesse tido o cuidado de introduzir entre a nova faixa de terra e o oceano uma camada de pedras que pudesse antecipar a quebra das ondas.

— Foi bom — disse um homem baixo e gordo. — Pelo menos serviu de lição para os que esbanjam nosso dinheiro.

— Não adianta — respondeu-lhe outro. — Teremos de pagar outra vez.

ANTES: A RESSACA

Quando o dia já estava caindo, algumas centenas de pessoas foram se reunindo na Glória para assistir ao espetáculo. Naquele ponto, um bom naco da amurada havia caído. O mar carregara árvores e postes. Blocos de granito espalhavam-se. Rombos se abriram aqui e ali nas pistas asfaltadas. As moças jovens, seus cabelos melindrosamente curtos, davam gritinhos nervosos quando as águas ameaçavam chegar perto. Alguns dos meninos mais audazes da vizinhança aproximavam-se, no limite da prudência, flertando com o risco de serem levados. Eram observados, talvez não sem alguma inveja, por outros meninos, estes vestindo paletós arrumados e com pó de arroz no rosto. Os funcionários da limpeza pública trabalhavam sem parar, tirando com enxadas o lodo das ruas, tentando abrir espaço para que os automóveis passassem. Trabalhadores da Companhia Light lutavam para retirar as lâmpadas dos postes que ameaçavam ruir. Jornalistas anotavam o que podiam, fotógrafos registravam a cena, cinematógrafos faziam girar suas manivelas. Entre o povo, ambulantes vendiam de doces a tangerinas. E vez por outra alguém gritava, não sem espanto ou algum fascínio: "Olha a onda!"

O ritmo da cidade fora quebrado. Os três navios a vapor que chegaram com passageiros não puderam atracar. Vinham de Nova York, Hamburgo e Norfolk. Um dos dois cais flutuantes da Cantareira, por onde desembarcavam na praça Quinze os passageiros de Niterói, soltou-se e foi arrastado para o mar aberto. O outro, homens tentavam afixá-lo marretando cavilhas contra as tábuas, amarrando-as com correntes, embora, a cada onda que batia, o trabalho precisasse ser reiniciado do zero.

Em meio ao drama, pequenas tragédias pessoais se desenrolavam. Maria da Costa, uma moça de 23 anos e já viúva, encarou o mar de Botafogo, não longe de sua casa, por tempo suficiente para criar coragem.[3] Aí, atirou-se. Um *chauffeur* de aluguel passava por ali quando a viu. Parou o carro num repente, despiu-se da jaqueta ornamentada do uniforme, lançou-se também contra as águas e a salvou.

Três dias de fúria natural e apenas um lugar permaneceu intacto. A joia. Copacabana. O recém-inaugurado calçadão de pedras portuguesas pretas e brancas arrumadas em ondas nada sofreu. A construção em curso do portentoso hotel dos Guinle não foi prejudicada. Assim, quando amanheceu o domingo, a cidade foi aos poucos restabelecendo seu ritmo. Os cinemas reabriram. No Odeon, não poucos devem ter deixado a sala, naquele dia, espantados com a nudez insinuada de Theda Bara em *Cleópatra*. Tanta pele exposta fazia parecerem pudicas as roupas de banho cariocas. No Central, passou *Carlito Boêmio*, "uma gargalhada em dois atos pelo querido Charles Chaplin". Na Tijuca, naquela tarde, o Flamengo empatou com o América em 3 a 3, cedendo assim a liderança do campeonato ao Botafogo.[4] Foi um jogo concorrido. Quando as arquibancadas de madeira do estádio da rua Campos Salles já estavam lotadas, torcedores subiram em árvores e muros, distribuíram-se à beira do gramado. E todos viram quando, aos 23 minutos do segundo tempo, um atacante americano agarrou o goleiro rubro-negro Kunz, impedindo a defesa do *shoot* disparado por Muniz. Todos o viram, menos o árbitro Edgard de Oliveira, que validou o gol.

Muito machucado, o menino Deodoro sobreviveu. Como o regime inaugurado pelo marechal de quem sua mãe tomara emprestado o nome: a República, mesmo que machucada, sobrevivia. Nos primeiros dez, vinte anos, sempre pareceu estar ameaçada. Havia aqui uma revolta com cheiro de monarquista, ali a conspiração insinuada de algum herdeiro, ou a presença à espreita dos cada vez mais idosos políticos da velha ordem. Não mais. A República era sólida. Havia descontentamento, mas ninguém cogitava mudança de regime. Apenas uns meses antes, o presidente Epitácio Pessoa se sentira confortável o suficiente para receber transladados os corpos de dom Pedro II e dona Teresa Cristina. Ousado, permitira até o retorno da princesa Isabel e de seu marido, o conde d'Eu. De tão doente, ela não veio. Mas, acompanhado de seu filho, o príncipe dom Pedro, o conde aportou no Rio de Janeiro num sábado chuvoso de janeiro a bordo do couraçado *São Paulo*.[5] O general robusto exilado em 1889 era agora um senhor aproximando-se dos 80 anos, que se mantinha alto mas curvara as costas, apoiado em uma bengala. Sua barba, um branco só. Vestia sobretudo preto e luvas, na cabeça um chapéu de palhinha fina. Ainda dentro do navio e antes de descer acompanhando os corpos embalsamados dos sogros, seus olhos encheram-se de lágrimas mais de uma vez; o sorriso nunca lhe faltava, quando igualmente idosos barões e viscondes e marqueses se apresentavam depois de não se verem há tanto. Abraçavam-se. Acariciou delicado os cabelos da baronesa de Loreto. Deixou que alguns lhe beijassem as mãos.

E encontrou, no Brasil, um lugar tão diferente. Os galicismos de *chauffeur* a *abat-jour* vinham sendo lentamente substituídos por anglicismos.[6] Os homens da elite haviam abandonado as barbas em favor de espessos bigodes. As cartolas se foram e, em seu lugar, chapéus baixos circulavam pelas ruas. Ninguém mais usava a fechada sobrecasaca, abrindo espaço para a informalidade relativa do fraque. Os óculos trocados pela leveza do pincenê. A capital transformava-se numa cidade moderna com prédios altos que bem lembravam os de Paris, com avenidas largas e arborizadas. Era uma cidade que virara as costas em definitivo para o Palácio Imperial de São Cristóvão e espreguiçava-se em direção ao sul. O Rio de Janeiro havia se descoberto praiano e não havia médico que não receitasse às crianças mais fracas um respiro do ar acre e melado do mar. Havia eletricidade. Uma teia de bondes e trens permitia o transporte público por toda parte.

O cheiro, definitivamente, era de mudança, de transformação, de um pacto definitivo com o futuro. Não era cheiro ilusório. Era concreto. Real. E não faltavam exemplos para prová-lo. O país tornara-se uma potência agrícola, exportadora de mate, de um produto intimamente ligado à tecnologia como a borracha e, principalmente, do grande criador de riquezas: o café. O Brasil produzira uma elite administrativa e intelectual digna dos padrões europeus. Um dos mais hábeis diplomatas do planeta, o barão do Rio Branco. Um dos mais respeitados negociadores da Conferência Internacional de Haia, Rui Barbosa. O cientista responsável pela erradicação da febre amarela, Oswaldo Cruz. Um dos inventores do avião, que tanto impressionara os franceses, Alberto Santos Dumont. A República positivista fora erguida para valorizar o método, a proficiência técnica e científica. Conseguiu.

Mas a ressaca andava à espreita. A força natural, invisível e ainda assim presente que poderia se levantar sem dar aviso. As montanhas derrubadas ameaçando se reerguer. Os trabalhadores. O povo. O povo rural, analfabeto e crédulo que se levantou em Canudos e no Contestado em delírios monarquistas. Mas, principalmente, o povo que resistiu à urbanização sanitária que o expulsava de casa, defendida por Oswaldo Cruz, que parou São Paulo por duas vezes em greves com toques anarquistas. Na Eurásia, que ainda titubeava para se levantar após uma terrível guerra sanguinária, a Rússia já havia caído para o comunismo. Movimentos operários ganhavam corpo por toda parte. Às vezes tingidos de vermelho à esquerda, noutras tantas com o soturno negro e cáqui do fascismo. Verso e anverso da mesma moeda. Havia um problema que o mundo moderno do século XX ainda não conseguira resolver. Que a união entre ciência, industrialização e capital não fora capaz de sanar. O mundo não era para todos. E, no Brasil, não era um problema apenas das pessoas pobres, mas, também, de uma nascente classe média que não via espaço de crescimento pessoal. Que encontrava uma muralha invisível. Que não via jeito de chegar à elite.

Ou via. Apenas um: a carreira militar.

Hermes e Epitácio

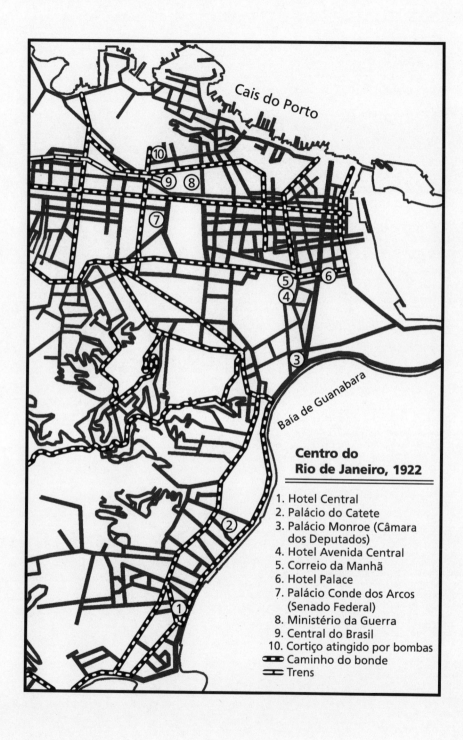

Personagens em janeiro de 1921

Políticos

Arthur Bernardes. Político. Deputado federal (1909-10, 1915-18), governador de Minas Gerais (desde 1918).

Carlos de Campos. Político. Deputado federal (desde 1918).

Epitácio Pessoa. Jurista e político. Deputado federal (1891-93), senador (1912-19), ministro da Justiça (1898-1901), ministro do STF (1902-12) e 11º e atual presidente da República.

Hermes Rodrigues da Fonseca. Marechal, o militar mais graduado do Brasil. Ministro da Guerra (1906-09) e 8º presidente da República.

Maurício de Lacerda. Jornalista e político. Deputado federal (1912-20).

Nilo Peçanha. Político. Deputado federal (1891-1902), senador (1912), governador do Rio de Janeiro (1903-06, 1914-17), vice-presidente (1906-09) e 7º presidente da República.

Pandiá Calógeras. Historiador e político. Deputado federal (1897-99, 1903-14), ministro da Agricultura (1914-15), da Fazenda (1915-17) e da Guerra (desde 1919).

Paulo de Frontin. Engenheiro e político. Deputado federal (1919-20), senador (1917-18, e desde 1921) e prefeito do Distrito Federal (1919).

Raul Soares. Político. Deputado federal (1918), senador (desde 1921), ministro da Marinha (1921-22).

Rui Barbosa. Jurista e político. Deputado federal (1878-85), senador (desde 1891), ministro da Fazenda (1889-91) e da Justiça (1889).

Outros

Edmundo Bittencourt. Jornalista. Proprietário do *Correio da Manhã*.

Luiz Autran de Alencastro Graça. Capitão-tenente da Marinha.

Mário Rodrigues. Jornalista. Redator-chefe do *Correio da Manhã*.

Nair de Tefé. Cartunista. Segunda mulher do marechal Hermes. Na imprensa, assinava-se Rian.

1

Rio de Janeiro, 4 de novembro de 1920

O *Limburgia* era um dos transatlânticos mais formidáveis do mundo. Tinha três chaminés ovaladas, sendo que uma falsa, só para enfeite. De comprido, 180 metros, outros 22 de largura. Piscina coberta grande, sete conveses e, num deles, quadra de tênis. Tinha capacidade para transportar 2 mil pessoas, que se distribuíam em três classes distintas. Na rota Europa-América do Sul, jamais uma primeira classe oferecera tanto luxo. Fazia o percurso de Amsterdã a Buenos Aires em oito semanas, passando por dez portos. Fabricação alemã: parte da indenização de guerra aos holandeses. Mas como quem é do mar reconhecia a nacionalidade das embarcações pela cara, só por segurança a Companhia Lloyd fizera escrever no casco, com letras garrafais, LIMBURGIA AMSTERTDAN. Não tinha dois anos o fim do conflito 1914-18 e a paranoia pelo banho de sangue não passaria tão cedo. Ninguém queria que um desavisado o pusesse a pique. Quando cruzou a boca da Guanabara, pouco após nascer o sol naquela quinta-feira, carregava menos de 1.500 passageiros. Dois dias antes, na terceira classe, um rapaz alemão de 17 anos que sonhara vida melhor na Argentina mergulhara rumo à morte. Amor de bordo não correspondido. Esta era a segunda viagem da nave e a linha operava deficitária. Um vento fresco soprava, o termômetro mal passava dos 20ºC.

Friozinho para um novembro tipicamente carioca. Na capital brasileira, do Palácio presidencial do Catete às vilas operárias, muita gente ansiava por aquela chegada.

O transatlântico fundeou próximo à ilha das Cobras, o inspetor sanitário subiu a bordo para liberar sua vinda ao porto, e já seis lanchas e um rebocador circundavam com gente querendo entrar. Na praça Mauá, a multidão se aglomerava desde muito cedo ao redor de duas bandas, uma do Exército, outra da Marinha. Entre os primeiros a subir a bordo estava o jornalista Álvaro de Tefé, fundador da *Revista da Semana*. Não foi a serviço. Impacientes, na entrada principal junto ao deque, encontravam-se um senhor e uma senhora já bem idosos. Tão logo Álvaro os viu, atracou-se com a senhora num abraço longo e apertado. Seus pais, os barões. Mais pessoas subiam, vinham das lanchas. Alguns políticos, muitos militares, sindicalistas. Um oficial holandês tratou de conduzi-los ao salão de recepções. Estavam ali todos aglomerados quando apareceu dona Nair. "Dona", modo de dizer, só por respeito. Trinta e três anos, cabelo negro e crespo na altura da nuca. Suas bochechas, rechonchudas. Irmã de Álvaro. Nos últimos meses, fuçara secretamente as cartas do marido para tentar entender seu desejo repentino de retornar ao Brasil.[1] Haviam passado os últimos quatro anos na Suíça. Longe das trincheiras, vida pacata. E Nair era um misto de emoções. A vontade de rever a terra balanceada pelo receio de que ele tivesse novas ambições. Ele, o marechal, entrou em seguida. Os presentes não se contiveram. "Viva o marechal Hermes da Fonseca!", gritou alguém. Aplaudiram todos longa e demoradamente. E, enquanto os outros aplaudiam, o deputado federal Mário Hermes deu um passo à frente para outro abraço longo. Tinha saudades do pai.

Em quase todas as fotografias que deixou, Hermes aparece de uniforme militar com galões, faixa e medalhas. Mas não naquele dia. Vestia apenas fraque, careca à mostra, chapéu às mãos. Era um homem baixo. Usava desde que se havia memória bigode espesso com as pontas encurvadas para cima. Abaixo do lábio, um tufo, uma mosca. Grisalhos. Casado com uma moça tão jovem após ficar viúvo, Hermes contava 65 anos. Deixara o país impopular. Num tempo em que as eleições eram vencidas com mais de 90% dos votos, seu pleito fora particularmente difícil. Vencera Rui Barbosa, o eterno candidato, com pouco mais de 60%. Campanha incomum, também, por ser dura, agressiva. Quando chegou ao Catete, o marechal já vinha de uma longa carreira militar. Durante a Guerra do Paraguai havia sido ajudante de ordens do comandante do Exército, o conde d'Eu. O tio Deodoro proclamara a República. E é verdade que seu pai foi o único general que, no comando das tropas na Bahia, se manteve leal ao imperador por ainda uns dias naquele confuso novembro de 1889. Ninguém se lembrava mais da rivalidade intempestiva entre os irmãos Fonseca. Nas décadas seguintes, o marechal Hermes profissionalizou o Exército brasileiro, reorganizou-o seguindo os parâmetros da mais importante organização militar europeia: a prussiana.

Mal chegara ao Catete, no final de 1910, estourou uma violenta revolta entre os marinheiros liderados por João Cândido Felisberto. Não suportavam os castigos à base de chibata. Os homens amotinados tomaram o comando dos encouraçados mais modernos do país e viraram seus canhões contra o palácio presidencial. Resolvida uma revolta, estourou outra, na fronteira entre Santa Catarina e o Paraná. O Contestado. Durante os quatro anos de mandato, interveio em Pernambuco, na Bahia, no Ceará e em Alagoas, substituindo os governos locais por chefes militares num avanço contra as oligarquias corruptas. Teve de refinanciar, pela segunda vez em duas décadas da República, a dívida externa. Rui Barbosa se opusera a ele fazendo de mote o termo "civilista". O Brasil não devia ter um militar na presidência. E Hermes era, fundamentalmente, um soldado. Presidiu, do primeiro ao último dia, fardado. Um homem formal, rígido, dado a silêncios. Um homem do passado, talvez. E, ainda assim, quando dona Orsina morreu em meio a seu mandato, ficou sozinho apenas seis meses. O casamento com a filha do barão de

Tefé não veio sem escândalo. A diferença etária — Nair tinha 27 e ele, 58 — era o de menos; o temperamento da moça é que espantava. Ela dizia o que lhe passasse pela cabeça. Não permanecia solteira, àquela idade, à toa. Nair conversava sobre política com os homens e convidava sambistas para longos saraus no Palácio. Assinando-se Rian, seu nome ao contrário, publicava caricaturas na imprensa. Cantava e tocava piano. Escrevia com fluidez e clareza. O recluso marechal presidente se casara com uma feminista antes do feminismo. Uma feminista que tinha, pelo velho marechal, imenso afeto. Que, parecia dizer ali nas entrelinhas do que escreveu, precisava protegê-lo de sua própria vaidade.

Hermes era um homem vaidoso. A República, ele acreditava, viera por esforço do Exército. Os primeiros oficiais profissionalmente treinados para o comando, por sua iniciativa, tomaram de Mustafa Kemal Atatürk, fundador da Turquia, a ideia de que os interesses do país e os das Forças Armadas se confundem. O Exército é a nação. Chamavam-se, por isto, de "jovens turcos". Para eles, assim como para a geração seguinte de oficiais, Hermes era seu símbolo. O marechal presidente.

Não só deles. Outra característica marcou sua presidência. Ainda ministro da Guerra, organizara fundos de previdência para operários das fábricas de pólvora e dos arsenais de guerra.[2] Reuniu-os também num arremedo de sindicato. Sempre inspirado pelos modos prussianos, seguiu o exemplo do primeiro chanceler alemão, Otto von Bismarck, e tornou-se o único presidente a dedicar atenção às questões trabalhistas. Em 1º de maio de 1913, fundou no Rio o bairro planejado que levou seu nome, Marechal Hermes. (Vaidoso, pois é.) Moradias populares, um conceito inédito no Brasil. Na sequência, também na capital federal, ergueu a vila operária do Jardim Botânico. Não lidou bem com greves, seguindo o exemplo de seus antecessores e sucessores. Mas, entre os presidentes da Primeira República, esteve entre os menos autoritários.[3] Se a questão operária era o ponto cego dos principais políticos brasileiros até o fim da Primeira Guerra, até a Revolução Comunista na Rússia, Hermes foi exceção.

Ironia do destino: o trabalhismo brasileiro nasceu ao mesmo tempo, e na mesma caserna, em que teve origem a ideologia do golpe de Estado que seria imposto pelo Exército muitas décadas à frente. Uma ironia que não demoraria muito a se repetir, a se confirmar. Pois também o comunismo nacional teria a mesma origem. E, se Hermes deixara o país impopular logo após o fim de seu mandato, voltava para uma recepção raramente vista. Os trabalhadores do Rio identificavam nele seu líder político.

O *Limburgia* atracou perante o Armazém 18 quando eram quase 9h. O cordão de isolamento foi ignorado pela multidão, que o ultrapassou. A escada de tábuas foi apeada do navio e, sem que tivessem chances de descer os passageiros, acima subiu o povo. Não por muito: logo a madeira estalou. E rangeu. Em pânico, caindo uns sobre os outros, voltaram todos à terra. Dona Nair pôde então sair acompanhada do irmão. No deque principal, oficiais de bordo e passageiros se perfilaram para cumprimentar o marechal, que então apareceu no alto acenando com o chapéu para a multidão. Ao pé da escada, encontrou um homem que improvisou o discurso: "a pátria ajoelha-se perante o marechal Hermes." O velho soldado sorriu. "Sou eu que devo me ajoelhar perante a pátria."[4] Fotógrafos e cinegrafistas registravam o que podiam. Hermes seguiu por entre a multidão em transe até uma carruagem cedida pelo governo. "Parecia vinda do tempo das fadas", lembraria anos depois dona Nair.[5] Aberta, puxada por quatro cavalos, já não era transporte comum fazia décadas. E ela estava lá, sentada, esperando o marido. Ao seu lado, o ministro da Guerra Pandiá Calógeras, representando o presidente Epitácio Pessoa.

A multidão não se limitava à praça Mauá. Quando saiu o cortejo em direção ao Clube Militar, carruagem à frente e uns trinta automóveis atrás, o percurso atravessando a avenida Rio Branco parava de esquina em esquina, onde havia alguma banda tocando e muita gente, sorrisos largos ao rosto, gritos de vivas. O Rio de Janeiro parou. Ao lado do marechal, Calógeras deve ter pensado consigo sobre o tamanho daquele homem. Sobre o impacto político que poderia ter. No Catete, o presidente Epitácio

Pessoa, certamente informado sobre o andar da procissão, tampouco devia pensar noutra coisa.

João Pandiá Calógeras tinha cinquenta anos. Filho de pai francês e de origem grega, nascera no Rio por acidente. Os seus eram de Minas. Em tudo diferente de Hermes. O típico administrador do regime: somava a formação técnica — era engenheiro — à aptidão intelectual. Escreveu inúmeros tratados, vivia mergulhado nos livros imaginando políticas públicas voltadas para a modernização. Foi o primeiro defensor da tese de que a propriedade do subsolo cabe ao Estado e não ao proprietário da terra. A adoção de sua ideia levou, anos depois, à implementação do monopólio estatal do petróleo. Teve seis mandatos de deputado federal, foi ministro da Agricultura e Indústria, da Fazenda e da Guerra. Era um homem de governo. Quando escreveu sua história do Brasil,[6] anos depois, apontou aquela que via como a principal deficiência política do marechal, um homem "incapaz de recusar a quem quer que fosse ou de resistir a solicitações, principalmente acompanhadas de lágrimas". A seu ver, um fraco. Facilmente manipulável. Eram, ambos, distintos até fisicamente. Hermes franzino e Calógeras, apenas uns dedos mais alto, parecia muito maior pelo corpo grande, gordo. Ostentava também um espesso bigode negro, pontas acima. No comando da pasta da Guerra, foi raro: civil. Pela primeira vez, mandava nos militares um civil. Visto com desconfiança nos quartéis.

A opinião que Calógeras tinha de Hermes é precisa em muito mais do que ele próprio podia imaginar. Precisa porque o marechal tinha dificuldade de dizer não. Porque gostava de ser querido e também porque era empático. De uma empatia que lhe era natural. Mas é igualmente precisa por revelar algo sobre a maneira de ver política, sobre a visão de país do próprio Calógeras e toda sua geração. Se o ministro, assim como incontáveis administradores da alta esfera por aqueles anos, eram frios, técnicos, baseavam as decisões que tomavam no estudo profundo, a eles faltava, justamente, empatia. Governavam, talvez com sinceridade, para erguer um país melhor. Perseguiam a criação do novo Estados Unidos, de um país europeu. Só que a falta de empatia fazia deles talvez bons técnicos, porém maus jogadores da arte política.

A estrutura da República que defendiam estava prestes a ruir. Sustentava-se por uma aliança em que o poder era dividido. Nos estados, os oligarcas, chefes locais frequentemente simpáticos, transmitiam o mando da área pela família e governavam com base no fisiologismo. Deixados em paz, providenciavam de tempos em tempos a eleição nacional dos competentes técnicos indicados pelos dois estados mais ricos, São Paulo e Minas. Um gaiato já descrevera o regime como a República do Café com Leite, por conta dos produtos que movimentavam a economia dum e doutro. O sistema jamais foi estável, sempre tentando abafar rebeliões mais ou menos violentas. Mas, das entranhas da sociedade, uma insatisfação crescente se punha. Uma sensação sem mira de revolta. Bastava, apenas, que um grupo de políticos inábeis não conseguisse lidar com uma crise miúda, que permitisse seu crescimento. E sua explosão. Num ambiente em que ambições políticas legítimas eram confundidas com ganância pessoal, não tardaria a ocorrer. A dificuldade que o velho marechal tinha de dizer não, assim como a miopia dos outros, custaria caro a todos.

A carruagem parou à frente do Clube Militar, no final da avenida Rio Branco. Hermes, dona Nair e Calógeras saltaram. À porta, quem os aguardava era a família. O barão de Tefé, os filhos do velho militar. O senador Paulo de Frontin, marido da prima de dona Nair. Na cerimônia de recepção, coube ao ministro da Guerra fazer o discurso de boas-vindas.

2

Rio de Janeiro, novembro de 1920

QUANDO AS REUNIÕES envolviam menos gente, intimistas, Epitácio Pessoa gostava de receber seus convidados numa pequena sala à esquerda de quem subia para o segundo pavimento do Palácio do Catete. Mary, sua mulher, a havia decorado. Pendurara telas e fotografias na parede, que compunham com os ornamentos multicoloridos que já pertenciam ao prédio. O teto alternava entre azul, dourado, vermelho e branco entre desenhos e relevos de anjos, rosas, laços e cruzes. Quando o barão de Nova Friburgo fizera erguer o casarão ainda no Império, ali funcionava uma capela. O ambiente cheirava a incenso.[1]

Era na Sala da Capela que Epitácio aguardava o marechal Hermes naquele 8 de novembro. Aos 55 anos, com fartos bigodes grisalhos, o presidente tinha as pálpebras caídas, o que lhe dava a aparência de constante tristeza. Penteava o cabelo com um topete. O militar chegou ao Catete às 15h30, acompanhado de um dos filhos, o deputado Mário Hermes.[2] Visita de cortesia. Não subiu de presto. Aguardou alguns minutos na biblioteca do primeiro piso, onde os líderes das bancadas na Câmara esperavam também por audiências. Engajaram-se rapidamente numa conversa miúda até serem interrompidos pelo ajudante de ordens. Os parlamentares teriam de esperar um pouco mais; o marechal tinha a preferência.

Aqueles dois, agora um de frente para o outro, eram únicos na República. Personalidades distintas, mas Epitácio era paraibano e Hermes, paranaense. Os dois presidentes eleitos pelo voto popular que não vinham nem de Minas, nem de São Paulo. A regra não escrita que ditava a alternância de poder entre os estados mais ricos do país era tão clara que o paraibano se viu eleito sem jamais ter cogitado candidatar-se. Mas aconteceu com ele, em 1918, o mesmo que ocorrera com Hermes em 1909. Aconteceu-lhes Rui Barbosa. O liberal baiano, já idoso, disputou a presidência tantas vezes quanto pôde, e nunca ganhou. Quando terminou a Grande Guerra, Rui foi escolhido para representar o Brasil nas negociações de paz. Estava próximo de fazer 70 anos, aquela seria provavelmente sua última chance de brigar pelo Catete. Recusou a deferência para se candidatar, mandaram Epitácio em seu lugar. Como paulistas e mineiros não se entendiam e os governadores oligarcas tinham medo de abrir espaço para o eterno adversário, optaram por indicar o paraibano. Epitácio foi o último a saber que estava na briga e sequer fez campanha. Não carecia. Os governadores providenciaram os votos, cada um em seu estado. A notícia de sua eleição lhe chegou por telegrama, em meio às negociações pelo Tratado de Versalhes.

Presidente e ex-presidente tinham um tanto comum, mas não o suficiente. Epitácio estava apreensivo. Faltavam dois anos para a eleição e não queria surpresas. Seus planos eram modestos. Organizaria uma grande festa nacional para celebrar o centenário da Independência, em 7 de setembro de 1922, mostras ao mundo de um Brasil vibrante. Logo após, passaria o comando para o candidato escolhido pelos governadores. Acreditava em negociação, em conversas, argumentos. Homens da elite, educados, racionais, seriam perfeitamente capazes de chegar a um acordo de divisão do poder. Cada um tinha o comando de suas regiões de influência e, para resolver a política nacional, bastava sentar à mesa. Ora um cede, ora o outro. O regime funcionaria para todos se estivessem, todos, dispostos a negociar.

A recepção dada a Hermes uns dias antes era uma demonstração de força. Seu antecessor provou ter imensa popularidade na capital. Se Epitácio queria ser lembrado por um governo tranquilo e uma boa festa, perguntava-se quais eram as intenções do velho Hermes. Em política, demonstrações de força nunca vêm à toa. Talvez o marechal quisesse influenciar na escolha do candidato. Talvez quisesse ele próprio o cargo. Era hora, pois, de negociar.

"A intenção", dissera Hermes ao *Correio da Manhã*, na véspera,[3] "é viver no seio do Exército, onde sempre fui feliz". A entrevista ocupou um bom naco da primeira página. "À política devo os dias mais amargurados de minha vida." O marechal dava voltas. "Nunca tivera eu ocasião de melhor conhecer os homens" do que durante o mandato. "Dura experiência", disse, e "se, pela minha idade, dela já não posso aproveitar-me, resta o consolo de poder aconselhar os amigos quando seduzidos pela miragem política."

Não deixou claro que tipo de conselhos daria aos amigos acaso interessados. Não disse ao repórter, tampouco ao presidente. Agradeceu, porém, o gentil empréstimo da carruagem[4] para a recepção. Nem Hermes se estendeu na conversa, nem Epitácio a prolongou. Conversa curta, formal e cordial. Quinze minutos. O ajudante de ordens da presidência acompanhou o marechal e seu filho escada abaixo, levou-os à porta na rua do Catete e lá se despediu.

A dança de Hermes e Epitácio estava apenas começando. Duraria um ano e meio. Deixaria um rastro de prisões, exílio e sangue.

3

Rio de Janeiro, novembro de 1920

ANDRÉ GUSTAVO PAULO de Frontin era conde. Não conde de verdade. Sua fortuna e quase todos os grandes feitos foram conquistados após o Império. Mas, a um ponto da vida, viu-se suficientemente ligado à Arquidiocese do Rio, doou como pôde às irmandades certas e, em 1906, ganhou de Pio X o título de nobreza pela Santa Sé. Sua mulher, dona Maria Leocádia Dodsworth, ela sim era nobre. O pai, barão do Javari. O tio, barão de Tefé. Prima-irmã de dona Nair. Ainda assim, sempre que a jovem mulher do marechal se encontrava com o sujeito que conhecia desde a infância, o tratava com amistosa formalidade. Doutor Paulo.

"Traga Nair pra conhecer o colar de pérolas da Mariquinhas", disse Frontin ao marechal, por telefone.[1] "Vocês vão ver que beleza."

O senador Frontin era mais engenheiro que político. Na prancheta, especializou-se nos sistemas de abastecimento d'água. Quando ao antigo regime sobravam apenas alguns meses de vida, um Frontin de 29 anos conseguiu canalizar em apenas seis dias as águas do rio Tinguá, na Baixada Fluminense, restabelecendo o fluxo da capital. No verão de 1889, o termômetro foi a 42ºC e, parecia, lá ficou. Como foi bem-vinda aquela água. A obra lhe deu fama e a República retribuiu com excelentes contratos. De engenheiro se fez empreiteiro. Primeiro dedicou-se a melhoramentos no porto do Rio, depois traçou trechos de ferrovias e, daí, construiu a avenida Central, hoje Rio Branco. Quando o século XX entrou, tinha alguns dos melhores contratos no país.[2]

A República gostava de bacharéis com conhecimento técnico de ponta. Frontin era um destes homens capazes de moldar a imagem brasileira dos novos tempos. Em 1903, assumiu a presidência do Clube de Engenharia.[3] Ficou no posto três décadas. Como órgão técnico, o clube decidia que obras faziam sentido e quais não. Conveniente. Foi mais responsável pelo novo Rio de Janeiro que se inventava do que o prefeito que levou esta fama, Francisco Pereira Passos. Passos cruzou o centro da capital com avenidas largas e modernas. Frontin inventou o litoral da Zona Sul: Copacabana, Ipanema e Leblon até a atual avenida Niemeyer.

Paulo de Frontin tinha os ombros estreitos para um rosto comprido e usava barba. Aos 60 anos, já bem mais branca do que negra. Foi prefeito por seis intensos meses, em 1919. Os bons amigos Hermes e Nair, praticamente família, estavam na Europa. Não tinham visto ainda a obra pela qual ele se enchia de orgulho, o "colar de pérolas da Mariquinhas": Copacabana.[4] O lugar havia sido um grande areal; não mais.

Os túneis Velho e Novo, que ligaram o bairro de Botafogo à praia, foram inaugurados com dez anos de diferença no período da virada do século. A avenida Atlântica, uma rua estreita de terra batida que separava as casas da praia, nasceu junto. Com ela, veio o bonde. Há tempos viviam pescadores por lá, mas, com a facilidade do acesso, foram surgindo casarões das famílias ricas. Os Guinle fizeram para si uma mansão no estilo normando, com telhados pontudos. Os Duvivier ergueram um palacete com direito a torre. E os Smith de Vasconcelos apostaram num estilo peculiar em duas torres, uma delas art nouveau, a outra medieval, e no telhado curvo que ganhou, do humor carioca, o apelido de máquina de escrever, por lembrar o gabinete circular em cone onde ficam as barras tipográficas.

Copacabana nasceu bairro boêmio. Num extremo da orla estava o Bar Brahma e, no outro, antes da curva para Ipanema, o Mère Louise. A casa de dois pavimentos pertencia a Edmundo Bittencourt, proprietário do jornal *Correio da Manhã*. Mas quem a alugava era madame Louise Chabas, uma senhora francesa que ali criou um cabaré no estilo parisiense para dança com disputados quartos na parte de cima. Era um dos locais mais frequentados da noite.

É porque Copacabana se sofisticava num ritmo frenético que, em sendo prefeito, Frontin duplicou e pavimentou a pista da Atlântica, pôs entre as faixas elegantes postes com três lâmpadas cada e separou a pista da areia com uma calçada ligeiramente elevada feita de pedras portuguesas pretas e brancas organizadas em forma de onda, repetindo o desenho da praça do Rossio, em Lisboa.

O ex-prefeito, agora senador, tinha orgulho da obra. O marco principal, porém, ainda não estava pronto. A melhor hospedagem da orla era ainda o Hotel Londres, um prédio de quatro pavimentos e bons quartos. Mas, para a festa do centenário, incentivada pelo presidente, a família Guinle erguia por ali um luxuosíssimo hotel que faria do bairro, em definitivo, o endereço mais elegante do Rio de Janeiro. Se chamaria Copacabana Palace.

Foram dias agradáveis aqueles de novembro, em 1920. Choveu pouco e, quando choveu, foi no fim da tarde. A temperatura raramente passou dos 30ºC.[5] "Doutor Paulo, que negócio é esse?", provocou Nair, durante o passeio pela orla. "O senhor é nosso amigo ou amigo do Rui Barbosa?" Ela nunca se furtava a ser direta, enquanto Hermes guardava seus silêncios. A mulher não esquecia da campanha que levara o marechal à presidência, talvez a mais agressiva até ali de uma República em geral dada a concordâncias. Em 1909, Rui tivera, surpreendentemente, o apoio de São Paulo contra Hermes. Minas e os demais estados se bandearam para o lado do marechal. O liberal baiano fazia discursos "civilistas" contra a ideia dos militares no poder. Havia sido ministro da Fazenda com Deodoro, mas considerava aquele um período de transição. Bateu duro, fez mais de 30% dos votos, e ainda assim não deu. "Não gostei de saber que o senhor está de amizade com um inimigo do marechal."[6] Frontin andava, sim, conversando com Rui. "Nair", respondeu, "político não tem amigos." Ele sorria. "Só temos amigos enquanto estamos mandando e podemos servi-los." Também ele um homem do regime.

Dias de temperatura amena e reencontros. Diferentemente de Frontin ou do sogro, Hermes não era um homem rico. Sem condições de manter casa no Rio com todos os empregados necessários, optou por se hospedar em hotéis quando vinha à capital. Passaria o verão com os pais de Nair, na cidade serrana de Petrópolis, capital oficial nos tempos de calor. Os Guinle, que jamais se furtavam a prestar favores às pessoas certas, lhe ofereceram um quarto no Palace, o melhor hotel do país. Pagaria um valor simbólico e poderia manter por ali suas roupas e as da mulher, contando com a estrutura da casa.

Os meses seguintes seriam agitados, com jantares informais e de gala, páreos de cavalo e jogos de futebol em sua homenagem, peças de teatro e concertos, além de disputadas reuniões. Em sua volta "ao seio do Exército", Hermes não deixara a política. E daquele passeio pela nova Copacabana por certo não deixou de observar com uma ponta de orgulho, ainda que de longe, o melhor forte do Exército. Fora erguido por ele, quando presidente. Comandado, agora, pelo capitão Euclides Hermes. *Chiru*,* seu filho. O mais moderno, preparado para resistir a qualquer ataque vindo pelo mar, com dois canhões alemães de 305 mm fincados numa cúpula giratória. Disparavam projéteis de 400 quilos cada a até 23 quilômetros de distância. Capaz de girar 360°. Capaz até de atirar para trás. De atingir, se alguém por absurdo o desejasse, a capital da República.

---

* Gíria gaúcha de origem guarani. Embora nascido carioca, Euclides morou em Santa Maria quando criança. Chiru quer dizer índio velho, caboclo. O capitão era moreno.

4

Petrópolis, março de 1921
Belo Horizonte, abril de 1921

A AVENIDA KÖELLER é a mais elegante de Petrópolis, cidade próxima do Rio, 800 metros acima do mar, projetada por ordens de dom Pedro II para seu veraneio. Cidade agradável, temperatura média dez graus menor do que a da capital. A rua, cuidadosamente planejada, é dividida ao meio pelo rio Piabanha, que separa faixas de mão e contramão. Arborizada. Em uma ponta está a praça da Liberdade e, na outra, a catedral em estilo gótico, compondo uma perspectiva de cartão-postal. É nela que fica o palácio erguido pelo barão do Rio Negro. Quando ficou pronto, já não havia mais Império. As paredes externas, sólidas, são de um amarelo muito vivo, com batentes das portas e janelas em branco. Ganhou no alto um escudo da República quando se tornou residência presidencial de verão. E é onde estava Epitácio Pessoa, em março de 1921, quando o deputado Carlos de Campos o procurou.

Campos, um homem de bigode ralo, havia pego o trem aquela manhã a pedido de seu governador, Washington Luís Pereira de Sousa. Usava óculos de aro metálico fino e havia se formado advogado pela Faculdade de Direito do Largo de São Francisco, a instituição que mais formou presidentes. Seu pai, Bernardino, fora governador de São Paulo duas vezes. Ele próprio, líder da bancada do estado na Câmara, já estava arranjado para suceder Washington Luís. Ser líder da bancada paulista praticamente o garantia como candidato ao governo. Ser candidato pelo Partido Republicano Paulista já bastava para assegurar a eleição. E ser governador de São Paulo o poria como forte candidato, talvez um dia, à presidência. Ao Catete.

A missão que lhe fora confiada era delicada, embora simples. Trazia duas perguntas. O comando paulista apoiava o nome de Arthur Bernardes, o governador mineiro, para a sucessão de Epitácio. Campos devia ouvir do presidente se ele tinha algo a opor. Os governadores todos já estavam alinhados, com uma única exceção. O velho caudilho gaúcho Antônio Augusto Borges de Medeiros. Ao todo, em dois períodos distintos, Borges já passara quase vinte anos no governo do Rio Grande do Sul. Era um estado importante, rico. Havia sido ele, no breve vácuo de poder político em 1918, quem sugerira o nome de Epitácio a seus pares dos outros estados. Via, ali, a possibilidade de romper com o monopólio paulista e mineiro no comando da nação. Agora, o caudilho percebia uma oportunidade. Era, porém, o único a enxergá-la.

"Eu de modo algum me envolveria na escolha de meu sucessor",[1] respondeu Epitácio a Campos. "A tarefa compete às correntes políticas da Nação." Apoiaria a decisão dos governadores, portanto. O presidente fez vários elogios ao mineiro, mas insistiu num papel de neutralidade. Sua intenção, disse, era "manter a ordem e assegurar a liberdade da eleição".

O líder paulista tinha a segunda pergunta: buscava um candidato a vice. Dois governadores pleiteavam a vaga. José Bezerra, de Pernambuco, e José Joaquim Seabra, da Bahia. Dois estados tão importantes quanto o Rio Grande do Sul. Campos pedia a Epitácio que fizesse uma indicação. Acaso tivesse escolhido entre os dois, a história do Brasil poderia ter sido outra. Mas o presidente também se absteve.

Em Minas, Bernardes já começava a articular. Era um homem sisudo, de bigode pequeno cuidadosamente aparado para não se estender além dos lábios. Míope, usava pincenê. Nariz marcante e testa alta por conta da calvície precoce. No conjunto, mais de um cartunista percebeu, seu rosto lembrava o de um carneiro. E, mesmo ainda sem vice, sabia de pelo menos um apoio que lhe cumpria conquistar.

No dia 26 de abril, um luxuoso vagão especial foi anexado ao trem regular que partia do Rio de Janeiro para Minas Gerais.[2] A estação estava cheia de gente curiosa para ver dona Nair e o marechal Hermes. Seu filho, Mário Hermes, ainda esclareceu a um repórter que a viagem servia para atender a um convite amável do governador. De política, garantiu, não tinha nada. Seria apenas um passeio agradável. Quando chegaram a Belo Horizonte, às 10h do dia seguinte, a multidão a recebê-los foi ainda maior. Encontraram uma fila de secretários estaduais, oficiais militares, o comandante da polícia, parlamentares. Uns fizeram discursos, outros bateram continência. Bandas tanto do Exército quanto da Polícia Militar tocaram hinos. O casal embarcou em carro aberto desfilando pela cidade. A um dado momento, alguém na rua gritou: "Viva o futuro ministro da Guerra!" Dona Nair ouviu o berro e chamou a atenção do marido.[3] "Não se preocupe", respondeu-lhe o marechal. "Isso é maluquice popular." Mas tanto ele quanto principalmente ela sabiam que tudo fora cuidadosamente planejado.

Desembarcaram no Grande Hotel, localizado onde a avenida Augusto de Lima encontra a rua Bahia.[4] Daquele prédio imponente, 52 quartos e grandes salões distribuídos por três andares, Rui Barbosa havia convocado a população mineira para aderir à campanha contra Hermes mais de uma década antes. O marechal e dona Nair entraram, membros da alta sociedade os aguardavam. Recepção assim Belo Horizonte só vira um ano antes, quando recebeu a visita dos reis da Bélgica. Por todo o dia foi um vai e vem de gente. "Cada palavra, cada atitude, cada gesto seu", lembraria depois um dos filhos do militar, "era logo facciosamente interpretado como parcial ou tendencioso." Tudo visto como tendo algum significado. Procuravam nas pausas, nos olhares, uma pista de como pensava. Mas o velho não pretendia dar apoio nem a Bernardes, nem a qualquer outro candidato. "A desconfiança e a falta de sinceridade eram as características do momento."[5]

No dia seguinte à chegada, pouco passado da hora do almoço, o ex-presidente chegou ao Palácio da Liberdade. Esteve com Arthur Bernardes por meia hora, não mais.[6] "Não sou político militante", disse ao candidato. Enquanto os dois conversavam, dona Clélia Bernardes apareceu no hotel para uma conversa com dona Nair. Beberam chá, falaram de amenidades. Em todo o período da visita a Minas, o governador, "homem seco, austero, formal", foi "afável no trato ameno", lembraria a senhora Hermes da Fonseca. Foram, ambos, tratados com a máxima atenção que o governo de Minas poderia lhes dar. Quando voltaram ao Rio, no entanto, nada mudara. Não houve declaração de apoio.

A dança da falsa neutralidade envolvia, agora, Hermes e Epitácio.

5

Rio de Janeiro, maio de 1921

Pouco passava das 14h do dia 12 quando o deputado carioca Vicente Piragibe aproveitou-se do início da sessão e pediu, do plenário, uma questão de ordem. "Sem mesa não pode haver Câmara", disse.[1] Entre as qualidades de um parlamentar, num tempo sem microfones, estava a capacidade de falar alto numa dicção clara. O deputado pernambucano Estácio Coimbra, no comando, respondeu de pronto. "Vossa Excelência se está dirigindo à mesa." Era um truque de Coimbra, e todos ali o sabiam. Ele, que ainda seria vice-presidente do Brasil, era "um misto de senhor de engenho com bacharel republicano", nas palavras de Gilberto Freyre.[2] Tinha o refino da cidade e das letras temperado pela autoridade rude do fazendeiro, um sujeito inteligente que sabia jogar o jogo. Piragibe, por sua vez, era respeitado como jurista. Uns bons anos depois, consolidou o primeiro Código Penal brasileiro. Mas a briga de ambos, ali, nada tinha de pessoal. Representavam duas vozes ocultas: a de um homem que não podia falar, a de outro que não desejava aparecer. "A Câmara não pode ocupar-se de outro assunto que não seja o da sua constituição", respondeu Piragibe ao presidente interino. Conhecia o regimento. Sabia cada parágrafo das regras. Repetiu, por ênfase: "A mesa não pode praticar ato algum senão os indispensáveis para a constituição da Câmara." Coimbra não titubeou. "Vossa Excelência está falando sobre o vencido." Sobre o já decidido. Das galerias tomadas pelo povo, cheias como poucas vezes se via no Palácio Monroe, vinham urros. Coimbra soava os tímpanos, pedia ordem e silêncio. Não vinham.

Quase a metade de maio passara e a Câmara dos Deputados ainda não elegera a Mesa Diretora. Não havia quem a presidisse oficialmente, um atraso de pelo menos dois meses. O clima era tenso. Um deputado, indignado, pediu a palavra. "Lá fora, cavalarianos e policiais a pé cercam o edifício. Dentro, nas galerias e nos corredores, misturados com o povo, estão agentes de polícia em profusão. Para que esse aparato?" Todos sabiam muito bem para quê. O medo de violência popular após o plenário tomar a decisão que estava prestes a tomar era real. Todos os atrasos regimentais possíveis foram aproveitados, todos os debates, todos os clamores. O momento final chegara. "Não podemos calar diante dos constantes atentados à liberdade feitos em nome dessa verdade eleitoral que não existe." Era o apelo final. Inútil. "O que se quer fazer é cortejar o governo com o sacrifício dos direitos de um dos candidatos eleitos." Todos sabiam disso. Agradar o presidente da República oferecendo um homem em sacrifício. Ao fundo, o candidato eleito que não seria assentado na Câmara, vítima de uma cassação branca que estava para ocorrer, assistia a tudo sem se pronunciar. Vinha assistindo a tudo desde que os resultados oficiais da eleição haviam sido anunciados, em finais de fevereiro.

Maurício de Lacerda não usava barba ou bigode. Era único na República, e não apenas por imberbe. Batizara o filho de Carlos Frederico, que havia completado 7 anos na semana anterior. Homenagem a Karl Marx e Friedrich Engels, autores do *Manifesto comunista*. Lacerda era comunista. Comunista de verdade. No parlamento brasileiro, caso ímpar. E fazia discursos envolventes como poucos. Entre os políticos, não era benquisto pela maioria. Temperamento atiçado, briguento. Não buscava o acerto e sim o confronto. Mas muitos respeitavam seu espírito combativo e um aqui, outro ali, lhe dedicava verdadeira afeição. No dia anterior, Maurício almoçara com um destes. Não um almoço qualquer: almoço de aniversário do marechal Hermes, só a família presente. Todos os compromissos do dia foram públicos, menos aquele almoço do Hotel Palace. À mesa estavam a família e Maurício. Hermes não era um homem de esquerda. Se algum termo o pudesse definir seria nacionalismo. Não tinha, porém, quaisquer preconceitos ideológicos. Muito jovem, Lacerda fora seu oficial de gabinete nos tempos de presidência. Desde então, seguira deputado federal duas vezes, além de prefeito de Vassouras. Tanto os Lacerda quanto os Werneck, família de sua mulher, eram latifundiários da região. Plantavam café. Seu pai, o velho Sebastião, ocupava o cargo de ministro no Supremo Tribunal Federal. Mas Maurício não era um legalista. Como todo comunista, desejava a Revolução. Em 1915, acompanhado de Piragibe, tentou disparar uma revolta com viés de esquerda tocada por um grupo de sargentos do Exército. Frustrou-se. E, se não sofreu qualquer consequência, foi por intervenção pessoal do presidente Venceslau Brás. Brás, antes vice de Hermes, era um mineiro com espírito apaziguador. Tinha também uma guerra mundial com a qual lidar. Era do tipo que se livrava de problemas menores.

Epitácio, não. Feito presidente, fazia o jogo que entendia ser o de presidente. Facilitava a conversa entre governadores, entre líderes políticos regionais. Respeitava oligarcas, pois era um oligarca. As áreas de interesse de sua família iam da Paraíba a Pernambuco. Fora dali, cada um com o seu. Ele serviria de árbitro para promover a união e a estabilidade nacionais. Tolerar um deputado que constantemente, dia após dia, escapava do jogo político tradicional em críticas continuadas a seu governo não estava em seus planos. Não tolerava o que via como desafios a sua autoridade. Maurício de Lacerda tinha de deixar o parlamento.

As eleições parlamentares ocorreram em 20 de fevereiro. No dia 27, o Rio de Janeiro, atrasado em relação ao resto do país, ainda não havia divulgado o resultado final. "A causa da demora", explicou em nota o *Correio da Manhã* daquele dia, "é o sr. Maurício de Lacerda. Diz-se que

esse candidato, segundo as últimas apurações, furou a chapa oficial."[3]
Não seria este o resultado. Lacerda terminou em sexto entre os candidatos do 3º Distrito do Rio, diferença de menos de 900 votos em relação ao quinto. Quase nada. Mas apenas cinco seriam eleitos.

A própria Câmara, antes de ser oficialmente constituída, avaliava em comissões quaisquer questionamentos. Os pequenos grupos de parlamentares que estudavam os resultados se espalharam, em 17 de abril, pelas salas do andar térreo do Monroe. O prédio — que fora erguido para a Feira Mundial de Saint Louis, nos EUA, em 1904, e teve a estrutura transportada para o Brasil ao final do evento e reerguido no Rio em 1906 — constituía parte de um quadrilátero aos pés do morro do Castelo. No fim da avenida Rio Branco, o Monroe ficava de costas para a baía de Guanabara, com vistas ao Pão de Açúcar, de frente para o Theatro Municipal. Entre ambos, uma extensa praça e cinemas. O coração da capital da República, a um quilômetro e meio do Palácio do Catete. Ali funcionava, desde 1914, a Câmara dos Deputados. No térreo, salas de comissões, no primeiro andar o plenário e, ao redor da cúpula, galerias de onde visitantes assistiam aos trabalhos.

Vicente Piragibe, o velho amigo de Lacerda, foi o relator do caso. Não foi difícil encontrar a fraude que derrubara o deputado para sexto lugar do 3º Distrito. Os votos de uma seção inteira do município de Angra dos Reis haviam sido anulados. Reverter o resultado não seria simples. O velho deputado baiano Torquato Moreira, veterano dos tempos do governo Deodoro, apresentou voto contrário. Moreira era inimigo pessoal de Maurício. Além disso, seu filho era casado com a filha do homem que herdaria a cadeira do comunista.[4] O conflito de interesses evidente não o melindrava. Além do mais, fora o ganho pessoal, aquele era também o desejo do presidente da República.

Até por conta do corporativismo, dificilmente o plenário expurgaria um dos seus perante fraude evidente. Mas, pelas sombras, Epitácio Pessoa lançou-se à costura. Antes de a Câmara ser formalmente constituída, ele tinha cargos de líderes estaduais para oferecer, postos em ministérios. Estes seriam os homens com acesso direto ao presidente da República. O truque era conseguir o reconhecimento pela Casa dos resultados oficiais, sem Lacerda, para só então escolher a Mesa Diretora e iniciar a Legislatura.

"A mesa não foi eleita. O presidente está ilegalmente sentado", berrou Piragibe. Das galerias, o povo gritava, entre os deputados pelo menos as bancadas de Rio Grande do Sul e São Paulo questionavam ao mesmo tempo o presidente interino. "A maioria está obstruindo a eleição da mesa diretora", reclamou um. "Nada existe mais urgente num parlamento do que sua integralização", respondeu Estácio Coimbra. Queria votar, antes, o problema Lacerda. Esta era sua missão. Ia cumpri-la. E, no entanto, sentia perder o controle da Casa. "Vossas Excelências têm a obrigação de descobrir baterias", ordenou, voltando-se para os gaúchos. "Descubram as baterias!" Cessem fogo. Piragibe tenta uma questão de ordem após a outra. Deseja retardar a chegada de seu parecer à pauta. Pede votação nominal. A mesa recusa seus pedidos um após o outro. E a votação é convocada. Num repente, o plenário se enche. Deputados que estavam escondidos pelos recantos do Monroe confluem todos para dentro. Executores. Maurício de Lacerda é expurgado da Câmara por 110 votos contra, 45 a favor. Além dum e doutro deputado dos outros estados, recebeu apoio fechado de gaúchos e paulistas. O Rio Grande havia rachado com o governo, não apoiava a candidatura presidencial do governador de Minas. São Paulo, por tão forte, poderia fazer o que bem desejasse.

Não houve violência. Fez-se o silêncio. Um por um os deputados foram deixando o plenário. Quando passava pela porta um que votara por Lacerda, recebia das galerias e corredores um longo aplauso. Maurício não se demorou. Quando surgiu do alto da imponente escadaria do Monroe, protegida de um lado e do outro por grandes leões de bronze, alguém lhe presenteou com um ramo de flores. A multidão o aplaudiu, um aplauso lento e arrastado, interrompido vez por outra por gritos de viva. O ex-deputado agradeceu. "Mesmo fora da Câmara", discursou, "o governo me terá pela frente, conquistando palmo a palmo o terreno da liberdade." Um automóvel o esperava na avenida Rio Branco. Entrou nele, seguido pelo povo. Tinha ainda muita política por fazer antes que a noite caísse. Naquela tarde, parou, uma por uma, em cada redação de jornal.

6

Rio de Janeiro, junho de 1921

Naquela noite, o clima no centro do Rio era de agitação. O dia, 2 de junho. O operário fez da escadaria do Theatro Municipal palanque para seu comício.[1] "Que o povo deixe de atender a chefetes", gritava para a multidão reunida, alguns milhares de pessoas. "A ocasião é própria para viver independente, cada brasileiro que cumpra o seu dever!" Representava a União dos Operários Municipais e o Comitê Pró-Hermes. O público vez por outra o interrompia com aplausos. Apenas alguns dias antes, o marechal fora eleito presidente do Clube Militar* por larga maioria. Quatro chapas disputaram o mando, ele encabeçava três delas. Epitácio tentou plantar seu candidato, mas, no Clube, não tinha poderes para pressionar os membros como fizera na Câmara dos Deputados. Para os oficiais das Forças Armadas, ninguém melhor do que Hermes os representava. E o Clube era o local de encontro, o canto em que oficiais de alta e baixa patente se reuniam com alguma liberdade para conversar. Após aquela vitória, do Rio Grande do Sul, o

---

* A chapa de Hermes incluía, ainda, os primeiros-tenentes Eurico Gaspar Dutra e Leônidas Cardoso. O primeiro seria o 16º presidente da República; o filho do segundo, Fernando Henrique Cardoso, o 34º.

governador Borges de Medeiros lançara a ideia de uma chapa composta pelos dois adversários de 1910, Rui Barbosa ao Catete, Hermes de vice. Na véspera daquele dia 2. O comício dos operários não duraria muito. A bem menos que uma quadra dali, o Palace Hotel estava todo iluminado, enquanto bandas tocavam de dois coretos. Aí, quando bateu mais ou menos 20h30, apareceu na grande porta o marechal. A multidão se voltou para ele. Homens, principalmente, alguns de bigodes, gravata e chapéus, outros sem nada. Uma ou outra faixa lhe manifestava apoio. Hermes desceu a escadaria com acenos. Agradeceu a homenagem. E pediu desculpas: era aguardado dentro do hotel, onde oferecia um banquete a seus "irmãos de armas".

De tempos em tempos, numa faixa da avenida Rio Branco que fora reservada para sua passagem, automóveis deixavam ilustres convidados. Eram marechais como Cândido Rondon e Bento Ribeiro, generais, coronéis, oficiais de todas as patentes. Sempre que um rosto conhecido aparecia, os aplausos do público soavam. Dentro, o grande salão enchia sem parar. Havia quem se espremesse pelas portas. As paredes, revestidas de espelhos com molduras douradas, faziam o espaço e o número de presentes parecer ainda maior. Em cada mesa, um grande conjunto de flores. A orquestra tocava, interrompida apenas pelos discursos. Era uma celebração de vitória. O militar mais respeitado pelos militares, depois de tanto tempo longe, estava enfim de volta. O presidente pusera um ministro da Guerra civil, mas agora eles tinham o marechal Hermes, sentiam-se mais fortes. E o velho, feito presidente do Clube, cercava-se ali de convidados que, em outros tempos, pareceriam inimagináveis. Rui Barbosa, quem diria. Uma frente alternativa parecia mesmo se consolidar. Bastava um gesto de Rui, outro de Hermes. Não mais que o gesto.

Rui tinha 72 anos. Era um homem mirrado, o rosto enorme num corpo que desde cedo fora franzino. Careca mas com vastos bigodes muito brancos. Era um velho não apenas pela idade. Havia sido colega de classe de Joaquim Nabuco e, com ele, participara desde o início do movimento abolicionista. Rui era velho a este ponto: suas primeiras lutas pareciam já temas perdidos do passado. Era um jovem deputado calouro quando desafiou o veterano Gaspar Silveira Martins no Plenário da Câmara.[2] O garoto defendia o direito ao voto de quem não fosse católico. Venceu. Fez mais: venceu expondo publicamente a arrogância do homem que, fazia muito pouco, quase chegara a primeiro-ministro do Império. Defendera o voto dos não católicos embora ele próprio, Rui, fosse muito católico. De um catolicismo baiano, daqueles aprendidos dentro de casa, nos hábitos do dia a dia, mediado pelos afetos da mãe zelosa.[3]

A Bahia cultivava a fama de produzir parlamentares doces, cordatos. Não Rui, que era incapaz de fazer política sem confronto e, no confronto, nunca entrava sem força máxima. Rui Barbosa era força pura. Como se acreditasse ser capaz de vencer qualquer briga só na base da gana, do puro desejo, convicção de estar certo e dedicação à vitória. Um liberal desde muito antes de a palavra ter grande significado no Brasil. Um liberal encantado desde jovem com o modelo de república dos Estados Unidos, com a democracia inglesa. E, ainda assim, era um homem que, pelo tipo de educação humanista que recebeu, concluiu cedo que a política é uma arte que se pratica com a palavra, a gramática e o dicionário. Quanto mais longos os períodos, mais raras as palavras pinçadas, mais exóticas as construções, melhor o discurso. Uma afetação que em nada o aproximava daqueles homens do liberalismo saxão. Que sequer o aproximava, na verdade, dos escritores de seu próprio tempo. Castro Alves tinha sua idade. Machado de Assis, dez anos mais velho. Um romântico, o outro quase moderno, ambos buscavam clareza e economia. Advogados, como Rui, entendiam o texto de forma distinta. Exibir erudição era uma arma. A capacidade de se comunicar numa forma hermética e correta era prova de qualificação no embate de ideias, às vezes até em detrimento da capacidade de exprimir as tais ideias. Mas tantas décadas depois de suas primeiras lutas, aquele seu jeito de falar, assim como ele, também já parecia excentricamente velho.

A república de seus sonhos veio, mas não mais acompanhada de vitórias. Primeiro ministro da Fazenda, Rui herdou do Império um cenário em que boa parte dos produtores agrícolas tinha pesadas dívidas nas casas bancárias. Com o fim da escravidão, eles haviam perdido aquelas posses que usavam habitualmente como garantia. Precisavam de mais dinheiro para pagar salários, custos antes inexistentes. Receberam incentivos que, conforme pensavam os governantes do velho regime, poderiam alavancar a produção. Só geraram dívidas. Não bastasse o quadro recebido, Rui pretendia disparar um processo de rápida industrialização. Sequer hesitou: autorizou a emissão de papel-moeda. Em seu primeiro ano, o novo regime foi euforia pura. A partir do segundo ano, o Brasil embicou num processo de inflação descontrolada. A culpa não era apenas dele. Mas Rui levou o estigma e o tombo foi feio.

Demorou mais de dez anos para que tivesse uma chance de recuperar a imagem, quando se tornou o representante brasileiro na Segunda Conferência de Haia, em 1907.[4] As guerras, parecia, ficariam cada vez piores. Aquelas 44 nações reunidas pretendiam ao menos determinar algumas regras internacionais para lidar com disputas. O mundo começava a se entender como um conjunto de nações e o papel de Rui era ingrato. Uns poucos países muito fortes economicamente pretendiam tomar decisões e fazer com que os outros apenas as referendassem. Impedir o massacre dos grandes por um lado, e o domínio regional da Argentina por outro, eram suas principais missões. Incrivelmente, conseguiu. Britânicos e americanos defendiam que o Tribunal Permanente de Arbitragem deveria levar em consideração a importância relativa de cada nação. Rui levantou, e por vários dias defendeu sozinho, a tese de que a soberania de todas as nações deveria ser equivalente. Aos poucos, saindo de suas tocas, outros países se juntaram ao Brasil. Não houve decisão final sobre o assunto por causa de Rui. A força, a gana incansável, a teimosia de Rui. Não fora sem ironia que o barão do Rio Branco o apelidara "águia de Haia". Conhecia a vaidade do baiano. Mas Rui, hiperbólico, gostava do título.

Ao fim, gana jamais lhe bastou para garantir vitórias. No somatório geral, perdeu mais do que venceu. Candidatou-se à presidência em 1894, 1906, 1910, 1914, 1918 e no pleito especial de 1919, após a morte repentina do eleito, Francisco Rodrigues Alves. Só chegou perto contra Hermes, ainda assim com quase 30% de diferença. As ideias liberais eram profundas demais, entranhadas. Seus acertos, assim como os erros, eram seus, lhe pertenciam, a ninguém mais. Independente como se fez, não conseguiria, e não conseguiu, ser parte de uma estrutura de poder baseada nos acordos para a manutenção do poder de poucos sobre muitos. Ao fim da vida, já após a Grande Guerra, havia até amolecido a respeito de algumas convicções. Reconhecia, por exemplo, a necessidade de políticas sociais. E poucas coisas o incomodavam mais do que a estrutura oligárquica brasileira. Se no somatório tinha talvez acumulado mais derrotas do que vitórias, em pelo menos outro campo era único. Não havia brasileiro interessado em política indiferente ao velho Rui. Ao longo daquelas quase seis décadas de vida pública, se fez uma figura tão importante, tão essencial, tão definidora, que uma opinião forte a respeito de Rui Barbosa dava caráter e posicionava politicamente um homem. Que surpresa, então, repentinamente, o jogo da política colocá-lo ali, naquele salão, ao lado do velho adversário. Das coisas que a política faz: a aproximação era de todo coerente.

Após o patê de foie gras com pão, os garçons serviram um menu francês que incluía, na entrada, creme de aspargos e massa folhada. Os oficiais ouviram a fila de marechais em discursos elogiosos, enquanto partiam o peru à brasileira acompanhado de coração de alface. Comeram bombas de chocolate na sobremesa. Falaram os marechais, mas estes, cuidadosamente, evitaram o que daria problema. Foi um capitão-tenente da Marinha que não teve este cuidado.

"Grandemente responsáveis pelo regime que implantamos à custa de nossas baionetas, até hoje somos relegados sempre a um plano inferior", disse Luiz Autran de Alencastro Graça. Tinha 32 anos, a idade da

República fundada, segundo ele, por seus pares. "O pretensioso e inculto bacharelismo se assenhorou com a nossa própria aquiescência dos papéis mais importantes." Responsável pela artilharia do couraçado *São Paulo*, Alencastro recitava a narrativa que todos os soldados haviam aprendido e repetiam. O regime nascera militar e fora passado aos civis, que de presto os excluíram do poder. "No tabuleiro político de nossa terra, não somos admitidos. Não bastassem as inúmeras provas de desconsideração, havia ainda a triste humilhação de não administrarmos as nossas classes." Um ministro civil. "Marechal, diversas correntes políticas pretendem levar vossa candidatura à presidência. Eu, francamente, penso que não deveis aceitá-la. Mas, se os votos de nossos concidadãos tiverem que ser desviados para uma esfinge qualquer, eu desde já adotaria vosso nome." Ninguém tinha qualquer dúvida de que o pleito era decidido por votos manipulados. "Julgam-nos um corpo morto, uma organização apodrecida, mas quando menos pensarem readquiriremos a antiga energia. As classes armadas não são formadas de carneiros nos tempos hodiernos. Possuímos um passado que mostra o que temos feito em prol da evolução político-social de nosso país."

E, assim, o que parecia ser um evento político disfarçado tornou-se explícito. Os mais importantes oficiais presentes, nenhum interrompeu Alencastro.

Se alguém tinha dúvida, não mais. Os militares claramente haviam escolhido seu lado.

7

Rio de Janeiro, junho de 1921

EPITÁCIO DEIXOU a Sala da Capela acompanhado do ex-presidente. Deram alguns passos até a escada, Nilo desceu o primeiro degrau e voltou-se. "Vou agora mesmo isolar-me e escrever a carta", Epitácio lembraria de tê-lo ouvido falar.[1] "Preciso redigi-la em termos que desmoralizem previamente as intrigas a que vai dar lugar a minha ausência da convenção." O mês mal começara e as pequenas notícias ruins já vinham se acumulando. Insinuavam uma crise política iminente. A dias da definição da candidatura Arthur Bernardes ao Catete, nas ruas da capital só se falava de uma chapa de oposição. Liderada por Hermes, talvez, ou por Rui. Até com ambos. O velho militar e o velho político eram os únicos que não haviam se manifestado sobre o assunto. Só davam indícios, a distância pareciam conspirar. Enquanto isso, o vice de Bernardes permanecia indefinido. O presidente escreveu para os governadores baiano, J. J. Seabra, e pernambucano, José Bezerra, tentando que ambos desistissem ao mesmo tempo em nome de um terceiro. Tentava evitar um racha que afastasse um dos principais estados nordestinos. "Não me julgo com o direito de embargar uma iniciativa que todas as correntes políticas entendem consubstanciar uma reivindicação justa da Bahia", escrevera-lhe Seabra. "Os amigos da bancada sentiram-se feridos em seus brios e avisaram-me de que manteriam firme a minha candidatura sem preocupação do meu nome mas na defesa da dignidade do estado", respondeu Bezerra. Não bastasse, um jovem oficial fizera um discurso agressivo contra o regime na festa do marechal, insultando claramente o ministro da Guerra. Ao menos o dia guardara, para o presidente, aquele apoio de Nilo à candidatura Arthur Bernardes. Notícia boa. Vinha em muito boa hora.

A história de Nilo Peçanha era de superação. O pai, Sebastião de Sousa Peçanha, era dono de uma padaria em Campos, no interior do Rio. Um homem negro livre em país escravocrata. Joaquina Anália, sua mãe, era branca. E o menino mulato tinha o conjunto certo de sortes e qualidades que lhe permitiriam sonhar. Inteligente, de uma inteligência daquelas tão evidentes que, da pequena escola de Campos, os mestres o recomendaram para voos mais altos. Era "simpático, risonho, sempre alegre".[2] Um político nato. Duma conversa fluida. Não tinha dinheiro para comprar o fraque que todos os alunos da Escola de Direito de Recife eram obrigados a vestir. Pois encomendou-o, dividiu o pagamento em umas tantas prestações e não pagou nenhuma, coisa nada rara entre estudantes. Os alfaiates costumavam publicar os nomes dos caloteiros nas páginas dos classificados. Mas Nilo soube driblar tanto a cobrança quanto a exposição pública. Nilo sabia driblar. Mulatos em posição de relevância existiam, mas eram raros e tinham de parecer mais brancos do que os brancos. Pois sempre se vestiu de forma impecável, numa elegância única. Advogado, fez-se militante republicano e abolicionista. Via as duas causas como interligadas. Eleito deputado constituinte em 1891, a atuação competente lhe abriu espaço na política estadual. Em 1903, já era governador do Rio e, aproveitando-se de um racha entre os principais líderes regionais, recosturou a rede de alianças se encaixando no topo, ainda que instável. Em 1906, já perdendo espaço regional, assumiu como vice-presidente do mineiro Afonso Pena. Seria o ponto máximo da carreira para o jovem político. Só que Pena morreu e Nilo terminou presidente. "Eita, presidente científico", ouviu certa vez dum homem na rua, enquanto passeava. Presidentes passeavam. Nilo, o hábil sorridente. Substituído por Hermes, deixou o Catete, seu poder sobre o estado do Rio já era absoluto e assim ficaria até o fim da vida. Mesmo que não fosse à convenção, aquele apoio por escrito à candidatura Bernardes faria muita diferença.

O Parlamento fervilhava. Também os gabinetes ministeriais. Reuniões, telefonemas, telegramas eram disparados de um lado para outro. Do plenário, o senador Paulo de Frontin, o velho amigo de Hermes, disparou um violento discurso contra os militares. Acusou "a canalha das ruas e a ambição dos quartéis" pela agitação política que se espalhava. Até poucos dias antes, hermista. Algumas promessas de contratos no governo Bernardes o seduziram.[3] "Político não tem amigos", já havia dito a dona Nair. Enquanto isso, seu irmão chefe do Estado-Maior da Armada, o almirante Pedro de Frontin, chegava às pressas ao gabinete do ministro Joaquim Ferreira Chaves. Lá, recebeu ordem de prisão contra o capitão-tenente Luiz Autran de Alencastro Graça por oito dias. Epitácio dava seu recado: o presidente não ia tolerar que a linha da disciplina fosse cruzada. Mas se era um jogo que jogavam, o marechal Hermes tampouco se furtou ao lance seguinte. No dia 7, vestindo o uniforme completo, apareceu na prisão da ilha das Cobras.[4] "Eu não me abalaria a visitar um criminoso", disse a um repórter que fora alertado da visita. Passou mais de uma hora com o capitão-tenente. "Tenho a convicção de que fui apertar a mão de um militar honrado."

Tempo de traições. Se o senador Frontin virara as costas, não foi o único. Dias depois, a carta prometida por Nilo Peçanha saíra nos jornais. Texto ambíguo, sem compromissos. E, no final da tarde do dia 8, quando o Palácio Monroe começou a se encher para a convenção que indicaria o candidato do regime à presidência, algo definitivamente estava errado. No momento da última contagem feita pela presidência da mesa, entre os 300 delegados, apenas 192 confirmaram presença. Os eleitores de Pernambuco e Bahia se ausentaram todos. A decisão de acolher um terceiro nome para vice em detrimento dos governadores terminou da pior forma possível: com não um, mas os dois estados juntando-se ao Rio Grande do Sul dissidente. "A Constituição fala em eleição direta para presidente da República", disse do plenário o jovem procurador de um político baiano ausente. "O que se está fazendo aqui é a eleição indireta e nada mais. Por que funciona esta assembleia num edifício público, com a luz paga pelo governo, se é uma assembleia partidária?"

Às 20h, no papel de delegado do Rio de Janeiro, entrou em plenário Maurício de Lacerda. Das galerias veio uma longa salva de palmas. Os convencionais mineiros se entreolharam. Aproveitando-se da oportunidade, Lacerda pediu que a sessão fosse adiada. Pelo menos um outro convencional o apoiou. Das galerias, barulho. Aproveitando-se da confusão, o presidente da mesa iniciou a votação nominal. Os primeiros a se manifestarem por Arthur Bernardes foram vaiados. "As galerias não se podem manifestar", gritou-lhes o presidente. "Podem aplaudir, mas, se vaiarem, serei forçado a refazer como é de praxe aqui na Câmara e no Senado." Dar ordens para que se retirassem. O delegado seguinte anunciou outro voto por Bernardes. "Isso é que é voto de consciência", manifestou-se um gaiato. "Este é voto de amor", disse outro perante o seguinte. As vaias foram substituídas por gargalhadas. "Para presidente Rui Barbosa e, para vice-presidente, Borges de Medeiros", falou Lacerda. Vieram palmas. Outro opositor foi mais agressivo. "Nego meu voto por não reconhecer poderes nesta convenção para indicar candidatos aos sufrágios do povo." Das galerias, alguém fez o som dos carneiros: "méééé". Bernardes já era piada popular. Riam ainda quando o presidente deu por encerrada a sessão. Dos 192 delegados, 188 apontaram o nome do governador mineiro. Urbano dos Santos, um político maranhense de 62 anos que já fora vice durante o governo Venceslau Brás, foi escolhido para compor a chapa. "Estes são os candidatos dos políticos", gritou-se em meio ao esvaziamento. "Os candidatos do povo são Hermes da Fonseca e Nilo Peçanha!"

Pela primeira vez desde a proclamação da República, a divisão entre os estados era séria. Três dos mais importantes deixaram o bloco governista.

Os delegados do Rio haviam ido à convenção. Com exceção de Lacerda, votaram todos em Bernardes. Adiantava de pouco. Nilo poderia decidir ser o quarto a rachar.

Na noite do dia 25, Hermes da Fonseca pôs-se perante os mais importantes oficiais de Marinha e Exército para tomar posse oficialmente no Clube Militar.[5] "A prepotência e a arrogância de governantes, acreditando-se superiores, provocaram de tal modo os militares que nos vimos atingidos por atos de desconsideração", discursou o marechal, folhas às mãos. Lembrava os tempos imediatamente anteriores à proclamação da República por seu tio Deodoro. "Aguilhoados pelo governo que parecia incitar a luta, os chefes não mais se puderam conter e explodiu a questão militar. Dois soldados de elite foram vítimas dos ódios do governo que tentou punir com severas penas o ato de se manifestarem pela imprensa", continuou. Entre 1889 e 1921 já se haviam passado 32 anos. Mas pela cabeça de todos passavam não os nomes dos oficiais presos três décadas antes e sim o de Alencastro Graça. "Hoje o Exército representa a própria nação, por isso que o constituem cidadãos soldados, vindos de todas as classes e de todos os pontos do Brasil." O marechal tinha a seu lado Rui Barbosa, ministro de Deodoro, que viera acompanhado da neta. Nenhum dos dois velhos pretendia buscar a presidência. Mas tinham escolhido o lado. "Não afastaremos das nossas cogitações os interesses gerais do país, porque sendo o Exército coletivamente uma das mais sensíveis instituições nacionais e cada um de seus membros um cidadão da República, não nos podem ser indiferentes os problemas que afetam o desenvolver da sua vida política e social."

Antes que junho encerrasse, uma convenção indicou o ex-presidente Nilo Peçanha candidato ao Catete pela chapa Reação Republicana. O governador baiano José Joaquim Seabra fora escolhido vice, com apoio de seus pares de Pernambuco, José Bezerra, e do Rio Grande do Sul, Borges de Medeiros.

8

Rio de Janeiro, outubro de 1921

Os HUMORES DO Rio de Janeiro flutuavam de acordo com o volume de tinta gasto para dar emoção às manchetes dos jornais. Não havia rádio. Toda informação chegava impressa pelo chumbo da linotipo e inúmeros títulos circulavam entre matutinos e vespertinos. Os maiores, como o sisudo *Jornal do Commercio*, a conservadora *Gazeta de Notícias* ou o moderno *Jornal do Brasil* podiam ser comprados mediante assinaturas,[1] mas todos estavam à venda em bancas ou nas mãos de meninos a cada esquina. Na típica redação do tempo, havia cabides para chapéus na entrada e uns tantos telefones a manivela. Eram salas compridas, cheias de escrivaninhas, nas quais os redatores escreviam a lápis, em folhas de papel almaço, as histórias trazidas da rua por repórteres. Fotógrafos eram poucos e fotografar era demorado. As máquinas de chumbo quente ficavam, invariavelmente, no andar térreo logo abaixo. Aqueles jornalistas costumavam andar de revólver ao cinto.[2] Causavam impacto. Muito. E, dentre todos os jornais, nenhum tinha menos receio de usar este poder quanto o *Correio da Manhã*, fundado em 1901 pelo advogado gaúcho Edmundo Bittencourt.

O *Correio* era um jornal não apenas de oposição, mas, principalmente, de confronto. Aos 55 anos, Edmundo passara toda a vida profissional dentro de uma redação. Cria de Rui Barbosa, montara o *Correio* a partir dos restos do periódico que seu chefe fechara. "Um homem muito alto e muito magro, anguloso, com um grande bigode de grandes guias, louro de um louro sujo, tirado para o castanho, e olhar arredio, cheio de desconfiança", nas palavras do escritor Lima Barreto,[3] um dos muitos brilhantes desafetos que trabalhara para Bittencourt. "Temido", continuava Barreto, "temido pelos fortes, pela gente mais poderosa do Brasil, ministros, senadores, capitalistas; mas em quem, com espanto, notei uma falta de firmeza, de certa segurança de gestos e olhar, própria dos vencedores." Naquele ano, estava em campanha agressiva contra Bernardes desde maio, por defender que o debate para escolha do presidente não deveria se limitar a São Paulo e Minas. Fazia um discurso moralizante contínuo, fluido, que agradava à crescente classe média da capital.[4] A redação funcionava em um dos prédios mais suntuosos do Rio, um portento em estilo eclético, no largo da Carioca, nº 13. De costas para o Convento de Santo Antônio, de frente para o elegante Hotel Avenida Central. A porta ao lado do jornal dava para o Wiener Bier, um restaurante austríaco onde se bebia cerveja de qualidade. A Galeria Cruzeiro, que atravessava o hotel, ligando o largo à avenida Rio Branco, era a mais movimentada da cidade, reduto boêmio a poucos metros do Theatro Municipal. E foi dentro daquela redação que, por volta das 14h, no primeiro dia de outubro, um dos telefones de manivela tocou. Bittencourt passava temporada em Lindoia, no interior de São Paulo. Atendeu-o Mário Rodrigues, redator-chefe.[5]

"Mário, escute", disse o senador carioca Irineu Machado. "Uma pessoa, que se encontra aqui ao meu lado, possui importantes documentos que interessariam muito à política. Essa pessoa, que vai embarcar amanhã para a Europa, pretendia dá-los ao Edmundo. Mas à vista da ausência dele, confiá-los-á a um redator do *Correio*. Venha aqui em casa buscá-los com toda a urgência."

Aos 36 anos, Rodrigues tinha o cabelo negro, revolto, que compunha com as sobrancelhas espessas. Era, ele próprio, um jornalista de estilo agressivo que viera meio fugido de Pernambuco para a capital federal após uma virada política em seu estado. Tinha a verve de texto e o temperamento perfeitos para dirigir o jornal de Bittencourt. Pai de quatro filhos, todos homens, pelo menos dois deles deixariam no futuro também suas próprias marcas na imprensa carioca. Mário Filho e Nelson.

"Irineu me conduziu à sala de jantar", lembraria depois Rodrigues, "e me apresentou um tipo baixote, atarracado." Chamava-se Oldemar Lacerda. O homenzinho tirou de um dos bolsos folhas de papel dobradas. Duas cartas manuscritas, assinadas pelo governador mineiro Arthur Bernardes, destinadas a um deputado. Datadas de quatro meses antes. "Estou informado do ridículo e acintoso banquete dado pelo Hermes, esse sargentão sem compostura, aos seus apaniguados, e de tudo que nessa orgia se passou", começava a primeira. "Essa canalha precisa de uma reprimenda para entrar na disciplina", continuava se referindo ao Exército. "Veja se o Epitácio mostra agora sua apregoada energia, punindo severamente esses ousados, prendendo os que saíram da disciplina e removendo para bem longe esses generais anarquizadores."

Após comparar a letra com a de outra carta que tinham certeza ser original, Edmundo Bittencourt e Mário Rodrigues publicaram um fac-símile e a transcreveram por inteiro na segunda página da edição do dia 9. Era um domingo e o Rio de Janeiro parou. No dia seguinte, o líder da bancada mineira na Câmara leu para o plenário um desmentido de Bernardes, enviado por telegrama. "Trata-se de uma das cinco cartas cuja forjadura foi denunciada pela imprensa e de cuja existência mesmo antes disso já sabíamos pois andaram oferecidas à venda na mais repulsiva das chantagens." Não foi suficiente. "Ou Sua Excelência tem razão em nos qualificar de canalha venal, ou inutilmente ultrajou o Exército", fez publicar em manifesto à nação a direção do Clube Militar. "Existe, pois, um dilema com solução única: ou a dissolução do Exército ou o Exército não aceita que Sua Excelência seja o presidente da República." A carta soava verdadeira. O capitão-tenente Alencastro Graça fora de fato preso.

Generais vinham sendo transferidos para postos longínquos. E aquela parecia ser mesmo a opinião não declarada de Bernardes. Tanto a classe média leitora do *Correio* quanto os trabalhadores, fiéis a Hermes, viam sua má vontade com o governador mineiro confirmada. A publicação da segunda carta, na edição seguinte, não poderia ter vindo em pior hora. O candidato, afinal, havia programado para o sábado o início oficial de campanha. Na própria capital. Não poderia voltar atrás.

As duas bandas começaram a tocar, mal se viu ao longe o trem de Minas Gerais, às 16h35.[6] A polícia dera ordens de segurar na plataforma da Central do Brasil quem viera dos subúrbios e impedir o embarque de quem planejava sair. Estava, por isso, cheio de gente. Quando deixou seu vagão especial, Arthur Bernardes foi recebido por alguns vivas tímidos. Além de políticos, acompanhavam-no 25 policiais da guarda mineira. O candidato não se demorou. Um cortejo o aguardava com inúmeros carros, e ele rápido embarcou no da frente. A avenida Rio Branco estava inteiramente decorada. Nos postes, tremulavam pequenas bandeiras nacionais. De três coretos em pontos distintos, bandas tocavam marchas militares. Do primeiro erguia-se uma faixa que atravessava a avenida e terminava amarrada ao letreiro do Cinema Pathé: "Salve dr. Arthur Bernardes, futuro presidente da República."

Não foi de repente, foi aos poucos. Quando quem caminhava começou a se dar conta de que era Bernardes ali, ouviu-se um ou outro viva. Mas aí veio o ruído lento, crescente, ensurdecedor de uma vaia que o acompanharia por toda a travessia. Havia assovios estridentes e berros, um grupo puxava o refrão do samba "Pelo telefone": "Olha a rolinha, sinhô, sinhô / Se embaraçou, sinhô, sinhô." Rolinha era um de seus apelidos. Justamente seu rosto no corpo do pássaro, caricaturado, estampava a capa do pasquim *A Rua*. Com um exemplar nas mãos, um homem ganhou a pista aos berros, apontando Bernardes, e atirou para o interior de seu carro o jornal. Em um dos automóveis de trás, outro sujeito tentava tirar da cabine um político pela aba do fraque. Vivas a Nilo Peçanha e seu vice, J. J. Seabra, não faltaram. "Abaixo esse insulto!", gritou alguém, enquanto vários partiam para arrancar a faixa atada ao Pathé, que foi trucidada. Seguiram então contra os coretos, ódio e ímpeto, que puseram ao chão quando chegou a gasolina. Lamberam. A polícia montada apareceu, a multidão ameaçou recuar, mas os oficiais não avançaram. Daí, um estalo e uma vitrine quebrada, no estúdio Photographia Rangel. O vistoso retrato de Bernardes foi arrancado, separado de sua moldura verde e amarela à força, e atirado contra a fogueira. "A rolinha foi, mas a gaiola ficou", improvisaram no ritmo do samba. Já umas quadras à frente, Paulo de Frontin tentou puxar um discurso conciliatório. Uma vez, duas. Ignorado, largou seu carro com o motorista, aproveitando que passava pelo Clube de Engenharia, e meteu-se porta adentro. O para-brisa de um dos carros no séquito rachou após ser atingido por um objeto. Ergueu-se num repente o deputado Raul Soares, pareceu querer atirar-se contra alguém que o ofendia. Foi segurado.

Os carros já haviam passado quando a multidão, levando as bandeiras retiradas dos postes, interrompeu seu curso em frente ao Palace Hotel, chamando pelo marechal. Pediam sua candidatura. Quando Hermes apareceu da sacada, os zumbidos enfim cessaram para ouvi-lo. "Povo!", gritou, "já tenho dito muitas vezes, e agora o repito, que não sou político, que não quero ser político." Ele percebia a tensão do momento. "Vos aconselho sobretudo calma. Vós não tendes necessidade de perturbar a ordem e a tranquilidade da capital da República para conseguirdes os vossos desígnios." Assim, como ainda o escutassem, emendou. "Está em vossas mãos, está na vossa vontade, acorrendo às urnas e votando naqueles que vos pareçam dignos, aquilo que vós desejais que eu resolva ou evite."

As urnas, todos bem o sabiam, eram manipuladas.

A noite já caía quando a cavalaria avançou, espadas e cassetetes à mão, para dispersar quem permanecia na rua. Eram principalmente estudantes. Muitos apanharam. Inúmeros foram presos. Bernardes trancou-se no interior de uma casa na rua Sorocaba, em Botafogo. Ao longo de toda a noite, homens morenos vestindo terno, por certo agentes, mantiveram vigília pelos jardins, numa atenta sonolência. Do lado de fora, quatro cavaleiros da Polícia Militar faziam guarda. No início da madrugada, as luzes do interior da casa ainda estavam acesas. A campanha começara agressiva, tensa, e com as Forças Armadas falando abertamente em não reconhecer um presidente eleito.

Mas aquele fatídico dia 15 deixou apenas uma vítima fatal. A manicure Pilar Romar Castro, de 36 anos, morreu atropelada por um carro da polícia que corria para chegar à Rio Branco.

9

Juiz de Fora, janeiro de 1922
Rio de Janeiro, fevereiro de 1922

A FORRA SE deu em finais de janeiro. Já havia caído a noite do dia 24, em Juiz de Fora, quando o ex-deputado Maurício de Lacerda saltou na estação. Seus eleitores o viram chegar do outro lado da plataforma. Mas, quando a porta do vagão abriu, não eram os eleitores ali. 46 policiais e pelo menos outros duzentos à paisana o aguardavam.[1] Não eram poucos que traziam o cravo vermelho à lapela. Símbolo dos fascistas católicos. Maurício deu os primeiros passos à frente, os milicianos o cercaram. "Morte!", gritou um. "Lincha!", levantou outra voz. O político desviou-se de uma pancada e então sentiu, vindo de trás, a dor aguda de uma pedra contra sua cabeça. Não fora atirada. Estava na mão cerrada do homem que a esmurrou contra o rosto. Sua pequena comitiva tentava romper o cerco, carregando o parlamentar para fora. Seus partidários, do outro lado, com a visão obstruída pelo trem parado, não entendiam bem o que ocorria. Os policiais uniformizados não faziam nada. As moças que trabalhavam nas cidades vizinhas e chegaram no mesmo trem apavoravam-se. Tiros disparados ao alto. "Morra!" O sangue escorria farto. Quando finalmente conseguiu escapar dos corredores estreitos da gare, de presto levaram Lacerda para o Hotel Central, ali ao lado. Os cravos vermelhos cercaram o prédio, exigindo que o homem o deixasse.

A palestra que ele vinha dar pela campanha não ocorreria. Mas o saguão do hotel estava cheio de pessoas ainda assustadas, ainda chocadas, e o sangue na camisa e paletó, já seco. "Nós, os republicanos de fé, não matamos", disse em voz alta o tribuno. "Apenas sabemos morrer pela nossa crença." Ele tinha raiva. "Ide! Dizei aos que me pedem a vida que eu a sei dar pelo direito do povo e que eles, ao tirar-m'a, aprendam nesse exemplo a morrer também quando chegar a vez de se sacrificarem pelos seus ferozes apetites políticos." Tinha raiva, mas sabia, também, aproveitar-se com drama de uma oportunidade política. Ao deixar Juiz de Fora no dia seguinte com destino à fazenda de seu pai, próximo ao limite de Minas, ele não sabia ainda que aquela recepção fora organizada pelo oficial responsável pela segurança de Arthur Bernardes em sua visita, meses antes, à capital. Vingança pelas vaias. Após uns dias de febre, retornou ao Rio de Janeiro. Uma multidão o aguardava como herói. O candidato da Reação Republicana, Nilo Peçanha, vinha à frente.

O Carnaval se aproximava, a eleição vinha logo depois e os ânimos não se abaixavam. "Excelentíssimo senhor doutor Arthur Bernardes", escrevera o marechal Hermes a respeito das cartas, "o formal desmentido de Vossa excelência foi quase desnecessário, porquanto não dei o menor crédito a tal carta."[2] Que o velho, desde o início, declarasse não acreditar na autenticidade dos documentos era inútil. Os jornais continuavam a tratar do tema diariamente. Falsas, diziam uns; verdadeiras, garantiam outros. Na virada do ano, grafólogos contratados pelo Clube Militar declararam-nas autênticas. Hermes havia sido contra a investigação de início. Considerava que seria política e não técnica. "Os diferentes trabalhos feitos sobre o célebre caso das cartas", escreveu em janeiro Rui Barbosa,[3] "apenas vieram confirmar a minha opinião de que as referidas são falsas." Os dois decanos da oposição tentavam diminuir as tensões. Nilo Peçanha, porém, mantinha-se em conveniente silêncio. "O rumo da campanha, como a traçou o sr. Nilo Peçanha, demagogo retardatário, velho conspirador, parece ser este: o apelo das urnas para os quartéis, certo como está de que a sua derrota é inevitável", afirmou em editorial a revista *O Malho*.[4] Não foi dos mais agressivos. "O candidato dos dissidentes é bode", publicou outra revista humorística, a *Gil Blas*,[5] "é bode preto, e ele o é não por causa da cor da sua pele e da sua barbicha, isso já seria o bastante para o fazer um autêntico bode, mas devido à maçonaria."

Pelas ruas, não se cantava outra coisa na capital federal. "O Zé-povo quer a goiaba campista", abria a marchinha. Nilo era de Campos. "Rolinha, desista, abaixe essa crista, embora se faça uma bernarda a cacete, não vais ao Catete." Gravada por um grupo que se assinava Canalha das Ruas, lembrando o discurso de Paulo de Frontin, tornava-se mais popular conforme o Carnaval chegava. "Ai, seu Mé! Ai, Mé Mé", cantavam, imitando carneiro no refrão, "Lá no Palácio das Águias, olé, não hás de pôr o pé."

A segunda-feira de Carnaval caiu no dia 27 de fevereiro. Os velhos políticos talvez não percebessem ainda, mas, ao ritmo do Seu Mé, o fazer política começava a lhes escorrer pelas mãos. Breve, muito em breve, não haveria mais o que pudessem fazer. Controle já não tinham mais. Das janelas do Clube de Engenharia, debruçadas sobre a avenida Rio Branco, Hermes e Frontin, talvez rivais mas amicíssimos da vida inteira, assistiam juntos ao desfile das Sociedades Carnavalescas.[6] Os Fenianos, com suas cores alvirrubras, abriram seu préstito com um carro que trazia Poseidon, o deus dos mares, sobre uma biga puxada por cavalos-marinhos.[7] Eram três as sociedades importantes. Eles, os Democráticos e os Tenentes dos Diabos. De alvinegro, os Democráticos ilustravam a cena da Rainha Democrática tentando, inutilmente, salvar o morro do Castelo.[8] Mas foram os Tenentes, rubro-negros, que melhor resumiram o tom do ano. Num dos principais carros, moças vestidas de deusas traziam araras que ouviam desatentas uma arara maior, faziam graça dos políticos. Outro tinha por título "1822, Independência ou morte — 1922, Morte da Independência".

O principal carro alegórico, 50 metros de comprimento, abria o desfile sarcástico com uma fonte artificial, 10 mil lâmpadas lançando "jorros de diamantes e de prata em espirais".

Na rua, assistindo, um tenente de verdade, animado pela festa, parou de relance perante um general. Chamava-se Antônio de Siqueira Campos, tinha 23 anos e vestia o paletó do avesso por fantasia. Há dias cantava o Seu Mé. Deu, na barriga do general Bonifácio Gomes da Costa, um tapa ligeiro e informal. Cumprimento.[9] O general guardou aquele rapaz na memória. Parecia-lhe bêbado. Por certo, impertinente. Estando ambos à paisana, ainda assim não se justificava a quebra hierárquica.

Se encontrariam novamente. Não ia demorar muito.

As conversas já corriam fluidas no Rio de Janeiro. Não longe dali, numa casa justamente aos pés do que restava do Castelo, um grupo pegou o hábito de se encontrar. Entre militares e civis, conspiravam. Os filhos do marechal também se entregavam à conversa de golpe, em Laranjeiras.[10] "Não podendo usar, em plena luz do sol, uma capa escura, máscara e um chapéu de abas largas, eram forçados a lançar mão de outros recursos mais engenhosos e não menos denunciadores", lembraria um conspirador sobre seus pares.[11] "Roupas em desalinho, barba crescida, ar fatigado, esgueirando-se de grupo em grupo, na Avenida ou nas ruas do Ouvidor, Gonçalves Dias e Assembleia." Militares de alta patente, ainda que observassem os movimentos com simpatia, evitavam se envolver. Não havia quem coordenasse. Entre salas privadas e bares públicos, horas e horas regadas a uísque ou cerveja terminariam por chamar a atenção. Assim, outro grupo, formado por policiais e sargentos do Exército, se organizou para se infiltrar entre quem planejava revolta. Desde dezembro, um dos sindicalistas mais fiéis a Hermes agia, ele próprio, como espião.[12] À espreita, buscava sinais de envolvimento do homem mais graduado das Forças Armadas brasileiras.

Ao fim de fevereiro, já circulava um aviso pelos quartéis. "No Brasil, só existem 21 eleitores: 14 são Bernardes e 7 são do Nilo", informava.[13]

Era o número de estados. "Temos a previsão de ser pequena a diferença de votos entre os dois candidatos. Para que essa diferença seja favorável ao Nilo, faz-se necessário a vossa ação junto ao poder local. Quinze dias antes da eleição, deveis, amigavelmente se for possível, ponderar ao governador que queremos inteira liberdade de votos e jamais pressão a favor de Arthur Bernardes." Não imaginavam que derrubar o projeto das oligarquias seria simples. "Sereis provavelmente desatendido. Cumpre então facilitar a dissidência local no movimento de deposição do governador."

Em 1º de março, Arthur Bernardes recebeu 466.972 votos. Nilo Peçanha, 317.714. Nunca o resultado havia sido tão estreito.

"Se Bernardes for eleito, nós impediremos a sua posse", seguia o aviso. "Em 15 de novembro não haverá governo. Tomaremos conta de Bernardes, vivo ou morto."

10

Rio de Janeiro, maio de 1922

QUANDO O SENADOR Raul Soares de Moura foi conduzido à sala da Capela, naquele 1º de maio, passava pouco das 20h30.[1] Aos 45 anos, havia sido eleito para assumir o governo de Minas no lugar de Arthur Bernardes, seu amigo pessoal. Era um homem careca de bigodes negros fartos. Tentava marcar uma conversa com o presidente Epitácio Pessoa desde a véspera. A capital da República andava empesteada de rumores. A reunião deveria ter sido às 14h, mas o secretário particular de Epitácio ligou remarcando. Para a surpresa de Soares, não encontrou o presidente sozinho. Ao seu lado estava o corpulento ministro da Guerra, Pandiá Calógeras.[2] E, nos minutos seguintes, foram chegando outros. O presidente da Câmara dos Deputados, Arnolfo Azevedo, de São Paulo. O líder da maioria na Câmara, Júlio Bueno Brandão, de Minas. O também deputado mineiro Afrânio de Melo Franco. O vice-presidente do Senado, Antônio Azeredo, do Mato Grosso. Outro senador, Álvaro de Carvalho, de São Paulo. E o ministro da Marinha, João Pedro da Veiga Miranda. Os dois ministros militares e alguns dos mais importantes nomes do Congresso Nacional, três paulistas, dois mineiros, um mato-grossense. Nos anos e décadas seguintes, versões conflituosas circulariam sobre quem disse o quê ao longo de quatro horas e meia. A "Reunião da Sala da Capela" se tornaria um dos momentos mais delicados da história republicana.

Epitácio estava energizado. Chegara do veraneio em Petrópolis fazia dois dias. Punha ênfase em cada palavra, movia-se a tensão. Para aqueles homens, leu as cartas[3] que havia recebido do marechal Hermes e do candidato derrotado à presidência, Nilo Peçanha. O resultado do pleito não havia sido promulgado ainda pelo Congresso e os dois propunham a criação de um tribunal de honra para avaliar denúncias de fraude eleitoral.

Que nenhum dos presentes cogitasse aceitar a ideia não surpreendia. O senador Azeredo levantou a possibilidade de se criar uma comissão parlamentar, mudando o regimento da Câmara. Três deputados nilistas, três bernardistas, decidiriam a questão. Seria uma forma de demonstrar, para a opinião pública, "nosso espírito de tolerância e conciliação", argumentou.[4] O presidente da República assentiu. Sugeriu, porém, uma mudança. Dois nilistas, dois bernardistas e um quinto deputado sorteado. Havia indícios de que pelo menos um dos poderosos governadores adversários, o gaúcho Borges de Medeiros, poderia concordar com a ideia.

Uma batida à porta, apareceu um criado. Chamava o senador Álvaro de Carvalho.[5] Ao telefone, queria falar-lhe o governador paulista Washington Luís.

Sentado no sofá, Epitácio indicou um empecilho. "Seria muito bom se fosse possível incluir também os militares na combinação", falou. Só não via como. De volta, Carvalho pediu a palavra. Considerava que o país estava à beira de uma revolução. Não falava pelo seu governador, disse, mas considerava que não seria com intransigências que poderiam resolver o problema. "É preciso um expediente, um meio qualquer de sairmos desta situação." Havia tremor em sua voz. "Como republicanos e responsáveis pelo regime, temos o dever de contornar as dificuldades para não assistirmos ao esfacelamento do Brasil."

"Não venho fazer discurso", disse o futuro governador Raul Soares. "Não fiz discurso", reclamou Carvalho. O mineiro aquiesceu, disse que era discurso, sim, mas não o censurava. "Só tenho intransigência na defesa da verdade eleitoral. Esta foi a melhor das eleições presidenciais." Assim, seguiu analisando o resultado das urnas. Tanto Nilo quanto Bernardes tiveram mais votos nos estados em que foram derrotados do que jamais ocorrera. "Sou contra a reforma regimental porque é certo que sua composição com nilistas e bernardistas importará num impasse. Este empate inevitável daria ao Nilo uma vantagem incontestável", falou. A pressão dos jornais e dos militares iria interferir no processo de desempate. "Ademais, a reforma não resolve nada. Se a reforma não visa afastar Bernardes, em que se modifica a situação militar? O Exército, ou aqueles que falam em seu nome, continuarão a se dizer incompatíveis com o presidente reconhecido."

"A situação é grave", disse o presidente. "Nós agora acabamos de sufocar uma insurreição em seu começo." Desde a véspera, os jornais publicavam notas crípticas. O vice-almirante chefe do Estado-Maior da Armada convocava os primeiros-tenentes aviadores Belisário de Moura e Flávio dos Santos e o segundo-tenente José Becker Azamor para que se apresentassem com urgência. Já fora detido o primeiro-tenente Fábio de Sá Earp e sua viagem para os EUA, onde faria um curso técnico avançado, fora suspensa. Ninguém tratava dos porquês. Sá Earp era um dos mais experientes aviadores brasileiros. Veterano da Guerra na Europa. Os quatro oficiais tinham a missão de sobrevoar a avenida jogando flores sobre o cortejo do presidente, que retornava do verão em Petrópolis. Mas seus aviões não tinham flores; carregavam bombas.[6] Uma denúncia anônima impediu que levantassem voo na última hora. Pretendiam bombardear a comitiva presidencial. Agora, eram procurados.

"Continuam a conspirar", seguiu Epitácio. "Aqui ainda consegui organizar a guarnição com elementos de confiança de modo que é possível, com grandes cuidados, levar as coisas até 15 de novembro." No ano do centenário da Independência, o presidente já contava os dias para entregar o cargo. Poucas vezes o haviam visto naquele estado. Os oficiais rebelados vinham sendo afastados para os estados, onde a situação de levante era iminente. "Receio bem que, dada uma deposição de governador, as ordens do governo federal não sejam cumpridas", arrematou. À tarde, o presidente havia tido uma longa conversa com os comandantes das polícias militar e civil da capital. Ao seu lado, os ministros da Guerra e da Marinha traziam detalhes que chegavam de seus informantes. "De muitos oficiais-generais do Exército e da Marinha, tenho sabido que dizem francamente que até 15 de novembro sustentarão o governo, mas que daí em diante não têm mais compromissos comigo", continuou ele. A sala estava em silêncio. "Suponham que nós conseguimos vencer todas as dificuldades e através de esforços inauditos logramos fazer o reconhecimento do Bernardes, empossá-lo e trazê-lo ao Catete." Era um político hábil, sabia jogar com a gravidade da situação, construir um argumento. "A simples chegada do Bernardes é uma coisa séria. Será preciso medidas excepcionais, aparatosas, e que nem sequer poderão garanti-lo contra atentados ou achincalhe da população. Já será um grande desprestígio que o presidente reconhecido não possa chegar sem tanto aparato bélico." Os ecos do desfile desastroso de vários meses antes ainda estavam na memória de todos. "Mas suponhamos que tudo se realize pelo melhor. Infelizmente é certo: o Arthur Bernardes, é a minha convicção, não se aguentará 24 horas no Catete."

Cada palavra soletrada. Com clareza ímpar. O presidente da República estava convicto de que seu sucessor não duraria um dia no poder. Os homens digeriam a informação.

"À exposição de Vossa Excelência falta uma conclusão", disse sem disfarçar o choque Raul Soares. "Então entende que o Arthur Bernardes deve renunciar?"[7] Epitácio fixou no senador. "Esta é uma hipótese a se considerar", respondeu.*⁸ "É preciso fazer isto imediatamente", emendou enfático o ministro da Marinha.⁹ Afrânio de Melo Franco, um homem magro, longilíneo, já grisalho aos 51 anos e com cabelo arrumado num ligeiro topete, levantou-se e caminhou até a varanda na lateral da sala, de onde se pôs calado a observar aquele conjunto.¹⁰ Enquanto Soares buscava palavras, ele procurava uma saída. A reunião entrara em terreno perigoso. Era preciso, pensou Afrânio, que terminasse inconclusiva. Soares, enquanto isso, retomava. "A desistência, depois de uma campanha como esta, seria reconhecer ao Clube Militar o direito de vetar ou aprovar candidaturas." O presidente se irritou. "O senhor exagera, doutor Raul." O mineiro tirou o pincenê do nariz para limpar-lhe os vidros.¹¹ "Sou dos que entendem que é melhor uma revolução franca, em que os militares tomem a responsabilidade de convulsionar o país, do que a entrega do aparelho constitucional aos militares feita pelos próprios políticos."

Azeredo, Álvaro de Carvalho e os dois ministros se puseram favoráveis à renúncia. Os outros quatro, não. Epitácio não se manifestava. Do fundo, Afrânio fez um sinal a Raul Soares, que se dirigiu para a varanda. O político mais experiente tinha uma ideia: deveriam adiar qualquer decisão sob o argumento de que precisariam ouvir a opinião do presidente eleito e do governador paulista. É o que lhes daria tempo de esganar, ali, a pressão pela renúncia. Então, em voz alta, Afrânio sugeriu ao presidente que expusesse a situação ao governador gaúcho Borges de Medeiros. "Se apelar para o seu amor à República, este naturalmente estaria pronto a desligar-se dos elementos de desordem", falou. "Dos elementos da desordem ele se desliga, já se desligou", respondeu-lhe o vice-presidente do Senado Antônio Azeredo. "Mas do Nilo, não." Epitácio decidiu que não lhe caberia o direito de desempatar aquela conversa. Já passara da meia-

---

* Segundo o senador Antônio Azeredo, o presidente Epitácio Pessoa na verdade teria dito "Sim, sem dúvida", defendendo claramente a renúncia. Todos os outros testemunhos garantem que Epitácio apenas defendeu que se considerasse a hipótese. Parece o cenário mais provável.

-noite quando chegou o cafezinho.[12] Após beberem todos, o presidente se pôs à porta da sala enquanto os políticos a deixavam. Azeredo foi o último. "Vamos ver qual a resposta de Bernardes", sussurrou o senador ao presidente. "Seja qual for, você conta comigo, se entender que a candidatura deve ser afastada."

Disse e apertou o passo para alcançar seus pares já no segundo lance da escada. Seus carros os aguardavam na rua do Catete.

11

Rio de Janeiro, julho de 1922

BATERAM À PORTA. Eram 19h30 de um frio e chuvoso 2 de julho. Hermes já esperava aquela visita. Ele e dona Nair recebiam convidados no confortável apartamento 313 do Palace Hotel. As jovens filhas de um general amigo e o igualmente jovem advogado Aprígio dos Anjos, irmão do poeta Augusto.[1] Mas, para o homem à porta, não havia convite. O marechal levantou-se, girou a maçaneta. Encontrou, vestido à paisana, Gabriel de Souza Pereira Botafogo. Marechal do Exército. Estava fazia tanto tempo longe das armas que sequer tinha uniforme para vestir quando foi convocado umas horas antes.[2] Hermes com 67, Botafogo, 66. Ele vinha acompanhado de dois oficiais bem mais moços, devidamente uniformizados. Ninguém falou nada. Então o ex-presidente acendeu um cigarro de palha,[3] fez um sorriso sarcástico e perguntou: "Para onde você vai me levar?" Constrangido, Botafogo respondeu: "Tenho ordem de acompanhar-te até o 3º Regimento de Infantaria." Na Urca. Resignado, o velho virou-se para a mulher. "Nair, vá para Petrópolis. Fique junto de seus pais." Ela não quis saber. "Vou com você, dê no que der." Despediram-se dos convidados de forma circunspecta. A palavra "prisão" sequer fora mencionada.

Havia confusão na entrada do hotel. Estavam hospedados ali Gago Coutinho e Sacadura Cabral, os dois portugueses que haviam acabado de cruzar o Atlântico Sul a voo pela primeira vez. Pessoas curiosas faziam plantão para vê-los. E porque havia multidão, Hermes não percebeu que o general Manuel Lopes Carneiro de Fontoura, comandante da 1ª Região Militar, observava disfarçado sua prisão. Entraram no carro e, após deixarem o centro do Rio, começaram a ganhar velocidade. Aí perceberam que se tratava de um comboio. À frente e atrás, outros dez automóveis. Aproximaram-se do quartel, Botafogo tentou desanuviar. "Aqui se formaram belos e altos caracteres." Dona Nair não perdoou. "Foi aqui que o marechal Hermes formou o seu caráter. Mas Vossa Excelência, senhor marechal Botafogo, onde teria formado o seu?" Caíram em silêncio. O coronel que comandava o regimento fora deslocado com urgência para Pernambuco. Hermes, então, se apresentou ao segundo na linha, tenente-coronel Severino Ribeiro. Um constrangido tenente-coronel prendia o oficial mais graduado das Forças Armadas brasileiras.

Pernambuco. Havia sido na quinta-feira, apenas quatro dias antes, que os soldados comandados pelo coronel Jaime Pessoa, primo distante do presidente, abriram fogo nas ruas do Recife. Um dentista morreu. "Fontes insuspeitas dão ao nosso glorioso Exército a odiosa posição de algoz do povo pernambucano", escreveu Hermes ao coronel Pessoa. "Venho fraternalmente lembrar-vos que mediteis nos termos dos artigos 6º e 14º da Constituição", continuou. O Exército serve para defender o povo, não atacá-lo. A disputa política pela sucessão estadual, na qual os Pessoa de Queiroz estavam envolvidos, se tornara violenta. Mas o coronel seguia ordens do presidente. "Não esqueçais", encerrou o marechal, "que as situações políticas passam e o Exército fica."

O telegrama de Hermes causou alvoroço no Palácio do Catete. O marechal desautorizava uma ordem presidencial. "Considerando que o militar não se exonera dos deveres de subordinação e de disciplina previstos na legislação que rege as Forças Armadas", publicou no sábado o ministro João Pandiá Calógeras, "resolvo repreender severamente o senhor marechal Hermes Rodrigues da Fonseca." A notícia chegou ao oficial repreendido por intermédio de um soldado raso. Naquela noite, conversando com um dos filhos, o marechal desabafou.[4] "É impossível agora recuar, vejamos em que vai resultar tudo isso." No dia seguinte, não o ministro e sim o presidente recebeu a resposta. "Considerando que minha situação de chefe do Exército Nacional me confere tacitamente o direito de aconselhar na senda honrosa aqueles oficiais que porventura possam ser mal orientados", escreveu, "entendi por meu estrito dever apelar para o espírito de classe do Comandante da Região e seus oficiais a fim de se absterem de qualquer ato de hostilidade contra o povo."

Àquela altura, crise exposta, o coronel Pessoa renunciara ao cargo, substituído pelo comandante do 3º Regimento de Infantaria. Epitácio entrou em reunião permanente no Catete, com inúmeros ministros e secretários presentes. Ele, o presidente da República, era o chefe do Exército Nacional. Em segundo estava o ministro da Guerra. Não bastasse, Pernambuco era assunto seu. O marechal se insubordinara. Falavam, porém, línguas distintas. Por ser o oficial de mais alta patente, acima até de seus pares marechais, Hermes era percebido pelos militares como o superior hierárquico de todos.[5] Esperava a cortesia de, se punido, o ser pelo presidente, por nenhum outro. Além do quê, era ele próprio ex-presidente.

Naquela noite, quando entrou no quarto onde ficaria detido, encontrou uma cama limpa, travesseiro e cobertor. "Antes de minha passagem pelo Ministério da Guerra, isto era bem pior", se resignou.[6] Foi informado então que um visitante o aguardava. Na antessala, se deparou com Nilo Peçanha, sorriso, braços abertos. Conversaram por uma hora. Já se aproximava das 21h quando Hermes se viu sozinho com o tenente-coronel Severino. "Não estou incomunicável?", perguntou-lhe. "Marechal, não recebi ordens a este respeito. Vossa Excelência está em sua casa."

Choveu a noite toda. Ele já estava de pé por volta das 7h, quando Severino lhe trouxe cartões de visita de quem mais havia passado para vê-lo. Não eram poucos. Tomava café quando perguntaram se receberia um repórter do *Correio da Manhã*. "Se o governo não vê mal nisso", respondeu, "recebo o jornalista." O marechal vestia farda de flanela cáqui. "Naturalmente lhe deram boas acomodações, Excelência?", provocou o repórter. "Deram-me uma cama e um quarto, é o quanto basta." O marechal já acendera o cigarro de palha. "Há muito tempo não faço campanhas, me habituei à doçura dos costumes finos." Divagava. "Contudo, havendo necessidade, sei encontrar ainda a serenidade e o desprendimento que são as virtudes para um soldado." O repórter então fez a pergunta. "Não acha Vossa Excelência que o presidente Epitácio Pessoa exorbitou?" Hermes limitou-se a sorrir e se despediu.

"O senhor presidente da República, considerando produzido o efeito moral e disciplinar do ato que determinara e tendo, além disto, em vista da obediência com que o senhor marechal recebeu a ordem e cumpriu e considerando mais a circunstância de tratar-se de um antigo chefe de Estado, com o qual mantém desde mais de 30 anos as melhores relações pessoais, manda relaxar a prisão." Ao meio-dia, acompanhado de dona Nair, o marechal embarcou no carro de um amigo para retornar ao hotel. Estivera preso por dezessete horas. Uma multidão o aguardava. Gritavam "Viva o Exército" quando a polícia os fez dispersar.

O domingo, dia 3, foi cansativo. Políticos entravam e saíam. Empresários. Membros da sociedade. Já havia escurecido quando o procurou um jovem oficial, amigo de seu caçula. Aos 25 anos, o primeiro-tenente aviador Eduardo Gomes trazia uma mensagem privada. De longe, dona Nair os observou. Debruçado sobre uma janela, o rosto de seu marido tensionou, os dentes travaram num misto de agonia e raiva. Tinha dificuldade de articular as palavras. Acendeu um cigarro, dois. Gomes enfim o deixou, após longos minutos. Ela perguntou ao marido o que havia ocorrido. "Nada!", ouviu por resposta.[7] Daí: "Chiru está maluco." O capitão Euclides Hermes da Fonseca, comandante do Forte de Copacabana. "Quer botar a procissão na rua. Não tem nada articulado. Não há meios de comunicação rápida com os estados e ele quer agir. O governo controla tudo. Telefones, telégrafo, trens e estradas. Não existe nenhum plano. Esses meninos são loucos. Querem arrasar a cidade. Não construí a fortaleza de Copacabana para isso."

A segunda-feira seria um dia longo e ainda mais cansativo. Os jovens oficiais estavam decididos a agir, Hermes não tinha como evitar. Sua prisão catalisara tudo. Fazia, mentalmente, os cálculos a respeito do levante. Era cedo demais. Com frágil capacidade de comunicação, seria difícil mobilizar os outros estados. O governo teria como controlá-los. Havia poucos amigos no comando dos principais postos na capital. Seu ajudante de ordens trazia informações. Um general próximo tentava chegar à Vila Militar. Aquela era a chave. O Forte de Copacabana, solitário, conseguiria pouco. Mas se Hermes Rodrigues da Fonseca estivesse na Vila Militar, poderia marchar contra o Catete. Seria um símbolo. "Papai, vamos pernoitar no meu sítio em Santa Cruz", ofereceu Mário Hermes. "Ficaremos perto da Vila." Ele concordou.[8] "É tarde para tudo, meu filho. Tarde para recuar, tarde para articular a força de que necessito. Somos ridiculamente uns dez contra mil. Mas tentemos. Pode ser que eu indo até a Vila os convença."

Não jantou. Cochilou. Às 23h de 4 de julho, saiu pela porta dos fundos do Palace, sorrateiro, sem que nenhum dos espiões o visse. Entrou num carro na esquina da avenida Almirante Barroso e desapareceu na noite.

Algumas horas antes, um soldado em Copacabana ouviu o tenente Antônio de Siqueira Campos comentar com outro oficial.[9] "A coisa está mais do que segura. O velho vem com a Vila." A notícia entreouvida o deixou otimista.

Siqueira

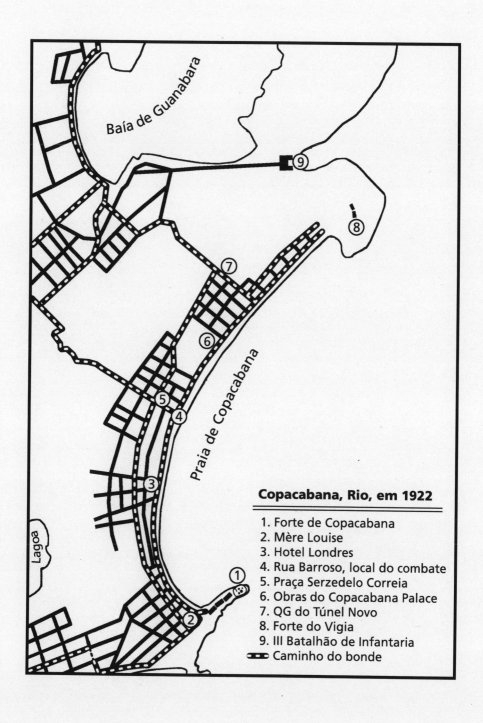

Personagens em julho de 1922

Rebeldes

Antônio de Siqueira Campos. Primeiro-tenente. Subcomandante do Forte de Copacabana.

Eduardo Gomes. Primeiro-tenente aviador.

Euclides Hermes da Fonseca. Capitão. Comandante do Forte de Copacabana. Filho de Hermes e apelidado Chiru.

Frederico Cristiano Buys. Segundo-tenente, alocado na Vila Militar.

Hermes Rodrigues da Fonseca. Marechal, o militar mais graduado do Brasil. Ministro da Guerra (1906-09) e 8º presidente da República.

João Maria Xavier de Brito. Coronel, comandante da Fábrica de Cartuchos.

Luís Carlos Prestes. Primeiro-tenente, subcomandante da 1ª Companhia Ferroviária.

Mário Tamarindo Carpenter. Segundo-tenente, alocado no 3º Regimento de Infantaria.

Newton Prado. Segundo-tenente, alocado no Forte de Copacabana.

Rômulo Fabrizzi. Aspirante a oficial, alocado no Forte da Vigia.

Legalistas

Bonifácio da Costa. General de brigada. Comandante do 1º Distrito de Artilharia da Costa (DF).

Epitácio Pessoa. Jurista e político. Deputado federal (1891-93), senador (1912-19), ministro da Justiça (1898-1901), ministro do STF (1902-12) e 11º e atual presidente da República.

Geminiano da Franca. Delegado geral de polícia do Distrito Federal.

Hastínfilo de Moura. General de brigada. Chefe da Casa Militar da presidência.

João Nepomuceno da Costa. Coronel, delegado do Ministério da Guerra junto à Comissão Organizadora da Exposição Nacional para o Centenário da Independência.

Manuel Carneiro de Fontoura. General de divisão. Comandante da 1ª Região Militar com sede no Rio de Janeiro (DF).

Nestor Sezefredo dos Passos. Coronel, comandante do 1º Regimento de Infantaria, na Vila Militar (DF).

Pandiá Calógeras. Historiador e político. Deputado federal (1897-99, 1903-14), ministro da Agricultura (1914-15), da Fazenda (1915-17) e da Guerra (desde 1919).

Pedro Crisol Fernandes Brasil. Capitão, comandante da 6ª Companhia do 3º Regimento de Infantaria (DF).

Setembrino de Carvalho. General de divisão. Comandante da 4ª Região Militar com sede em Juiz de Fora (MG).

Tertuliano de Albuquerque Potiguara. Coronel, comandante da Polícia Militar.

12

Rio de Janeiro, julho de 1922

EPITÁCIO ESTAVA TENSO. Ao terminar o jantar, recolheu-se à parte íntima do Catete, no terceiro andar. No salão próximo ao quarto, perante uma mesa de bilhar, cercou-se de amigos e da família, além dos principais auxiliares.[1] Ia enfrentar um golpe de Estado. Ao longo do dia, providenciou um holofote para o mirante do palácio. Se alguém cortasse os cabos telefônicos, a presidência poderia se comunicar com estações nos morros próximos piscando a luz em código Morse. Mas o telefone ainda funcionava. Não cessava de tocar com notícias, mensagens de apreço ou apoio, que ajudantes de ordem traziam escada acima num entra e sai contínuo. Vez por outra, uma das mensagens disparava a conversa que emendava noutra e então parava em silêncio. Foram longos os silêncios daquelas horas. A meia-noite veio e foi sem qualquer informação segura. Aí, um estrondo. Um estrondo tão violento que chacoalhou o prédio. Epitácio tirou o relógio do bolso, que marcava 1h15. "Estão atrasados", comentou. Estavam. Em quinze minutos.

Algumas horas antes, precisamente às 22h10, o capitão Leônidas Hermes da Fonseca, segundo filho do marechal, embarcara na Central do Brasil com destino à estação da Vila Militar.[2] Pegou o trem acompanhado de outros cinco oficiais. Em menos de uma hora teriam cruzado aqueles 31 quilômetros.

Bem perto da Vila, com toda discrição que lhe era possível, o coronel gaúcho João Maria Xavier de Brito coordenava a retirada de munição da Fábrica de Cartuchos do Exército, no campus de formação dos futuros oficiais. Aos 56 anos, era responsável pela principal fonte do arsenal brasileiro. Terminado o serviço, com tudo devidamente armazenado para a revolta, seguiu para o prédio da Escola Militar do Realengo, que ficava próximo. À meia-noite, o coronel mandou tirar da cama o general responsável, que tomou um susto ao encontrar no pátio mais de meio milhar de alunos uniformizados e perfilados. "Como comandante da Escola", disse o general, "não posso pactuar com a revolução."[3] Apoiado pelos oficiais instrutores, Brito o destituiu do comando e lhe deu ordem de prisão. Deixou na Escola cem alunos para cuidar de quem se recusou a aderir. Com os outros quinhentos, foi em marcha, no início da madrugada, para juntar-se aos oficiais e praças da Vila Militar. Quatro quilômetros os separavam. Quando reunidos, seguiriam liderados pelo marechal Hermes da Fonseca. Calculavam chegar ao Palácio do Catete no início da manhã.

Em casa, no bairro do Méier, o jovem tenente Luís Carlos Prestes ardia fazia mais de um mês. Febre paratifoide. Com o soldo, Prestes sustentava sua mãe e a família. Fora o primeiro aluno da turma, no Realengo, considerado um dos mais capazes jovens oficiais. E tinha a missão de levantar a Companhia Ferroviária do Exército, sob sua responsabilidade. Tudo combinado. Chegou a vestir a farda. Não se aguentou de pé. Despencou. Sem o jovem comandante, seus homens nada fizeram. "Quando soube que a minha Companhia não tinha feito nada", lembraria muitos anos depois, "fiquei indignado. Tive a maior decepção da minha vida."[4]

Noutro canto da cidade, em Copacabana, dois tenentes e um aspirante renderam seu capitão no Forte da Vigia (atual Forte Duque de Caxias). Incrustada no alto da Pedra do Leme, em uma das pontas da praia, a fortificação havia pouco reformada servia de defesa à capital federal desde os tempos da colônia. "O movimento é geral e o marechal Hermes da Fonseca, à frente de 10 mil soldados, assumirá o comando das operações revolucionárias", explicou o aspirante Rômulo Fabrizzi. Estava armado, o capitão não teve o que fazer. 54 praças aderiram. Os tenentes seguiram para o Forte de Copacabana de carro. Os praças pegaram um bonde acompanhados de Fabrizzi. Ele encostou o revólver na nuca do condutor e ordenou-lhe que seguisse tão rápido quanto possível. Um dos passageiros, sem perceber ao certo o que ocorria, mas reconhecendo o amigo, ainda comentou: "Muito bem, Fabrizzi, isso é para ensinar essa gente a andar mais depressa."[5]

O Forte de Copacabana ficava no extremo oposto da praia. Seu comandante, o capitão Euclides Hermes, caçula do marechal, havia disposto sentinelas pela Atlântica, a avenida que costeia o mar. Estavam em patrulha. Pouco após a meia-noite, um automóvel freou perante seus portões. Saltaram dele o capitão José da Silva Barbosa e o general Bonifácio da Costa. Havia soldados por toda parte. Cercavam as redondezas com arame farpado, preparavam trincheiras. Um deles movia um canhão de 190 mm. Até ali, Bonifácio e o capitão haviam feito todo o caminho desde o Ministério da Guerra em silêncio. Mas, ao chegar, apontando para os preparativos, Silva Barbosa não resistiu. "Olhe, general, não falta mais nada." A um praça, Bonifácio perguntou para onde carregava a munição. O rapaz baixou a cabeça sem saber a resposta. Chutando os sacos de areia, o general entrou Forte adentro. No pátio, encontrou o capitão Euclides. Bonifácio o conhecia desde menino. Tinha intimidade suficiente para tratá-lo de Chiru, apelido dado pelo tio-avô, Deodoro. Proclamador da República. Começaram tateando. O general explicou que tinha ordens para transferir o comando da unidade para o capitão Silva Barbosa. Euclides retrucou que seria melhor fazê-lo pela manhã.

Preocupado com a situação, que começava a ficar tensa, um sargento foi chamar o tenente Antônio de Siqueira Campos, segundo em comando do Forte. De longe, Siqueira percebeu que a conversa era áspera e que o oficial acompanhante de Bonifácio estava a distância suficiente para abater seu capitão. Sentiu que precisava agir. Tinha antipatia por Bonifácio desde que ele fizera uma reclamação formal a seu respeito por conta de um tapa ligeiro na barriga, durante o Carnaval. O tenente chegou por trás, encostou a pistola nas costas do superior. "O general está preso", disse. Tomado de ira, Bonifácio virou-se para deixar o quartel. "Querem fuzilar, fuzilem, mas na certeza de que fuzilam um general que veio cumprir ordens do governo legal." Euclides pôs-se entre Siqueira e o amigo de família. "Volte para seu posto no holofote", ordenou ao tenente. "É lá o seu lugar."[6] Interceptou Bonifácio e, acompanhado do capitão Silva Barbosa, os levou para seu escritório. Lá, mandou fazer cama para o general e designou um tenente que pudesse servi-lo.

Foi por essa hora que chegaram também ao Forte de Copacabana os tenentes Álvaro Barbosa Lima e Mário Tamarindo Carpenter. Faziam parte da força comandada por Bonifácio, avançaram demais na avenida Atlântica e terminaram presos por outro tenente. Era Eduardo Gomes, o mesmo que apenas um dia antes tivera a missão de informar ao marechal Hermes do levante.

Gomes era um rapaz sempre muito sério. Nos tempos da Escola do Realengo, fazia parte de uma quadra inseparável. Ele, Prestes, Siqueira e Frederico Cristiano Buys. Sua turma, formada em 1918, ficou um ano a mais no processo de instrução por conta de uma mudança de currículo.[7] Tornaram-se unidos. Pela sisudez, os amigos apelidaram Gomes de frei Eduardo. "É caladão", diria Siqueira, "mas vale muito."[8] Exímio artilheiro. Fazia parte, num tempo anterior à criação da Aeronáutica, de uma das primeiras turmas de tenentes aviadores. Mas, por ser míope, não lhe permitiram que se formasse piloto.[9] Acompanhava os pilotos em suas missões para apoio e observação do terreno.

A Barbosa Lima e Carpenter, Eduardo Gomes explicou o propósito da rebelião. "Barbosa", disse Carpenter num ímpeto, "eu adiro." Seu companheiro ficou surpreso. "Eu não adiro, porque não posso trair meu capitão", respondeu. "Não estou de acordo com esse movimento." De presto, Carpenter sacou sua pistola. "Nós vamos desarmar a companhia", continuou o tenente que acabara de se revoltar. E arrematou: "Se me prenderes, Barbosa, eu te mato." Frei Eduardo intercedeu para acalmar os ânimos. "O senhor não adere, mas fica preso." Um automóvel estacionou próximo naquele instante, distraindo o aviador. Barbosa Lima então olhou para Carpenter e o abraçou. "Eu vou fugir", disse para o amigo. "Se me matares, tu mesmo és testemunha de que não aderi."[10] Correu muito até ter certeza de que não era seguido.

Na Vila Militar, o coronel Nestor Sezefredo dos Passos estava aguardando os oficiais que chegavam no trem da Central. Foram dominados e presos na própria estação, sem possibilidade de revide. A Vila, cheia de legalistas, estava pronta para resistir. Os oficiais, todos acordados, reunidos no cassino, a sala de descanso. Todos, incluindo o quarto da quadra de amigos, tenente Frederico Cristiano Buys.

Passava já da meia-noite quando, discreto, Buys deixou o cassino tomando a direção de sua Companhia. Acordou os soldados e deu ordem para que se perfilassem. Dividiu então os praças em dois pelotões e, com eles, cercou o cassino de oficiais. Entrou pela porta da frente acompanhado dos melhores homens, pistola à mão. "Estourou a revolução", gritou. "Estou com a revolução." Num repente, seu oficial superior, o capitão José Barbosa Monteiro, levantou-se, reagindo. "Minha companhia!" Na confusão, uma voz. Num tom de ordem. "Atira no major, atira no coronel, são nossos inimigos."[11] Ato reflexo: tiros, muitos. O capitão Monteiro foi ao chão. Caiu morto. Nos meses seguintes, ninguém conseguira afirmar com toda certeza que a ordem partira do tenente Buys.

No Forte de Copacabana, o capitão Euclides repassava, sobre um mapa da cidade, seus cálculos de tiro. A hora corria e o excesso de distrações punha em risco a pontualidade. Precisava disparar tiros à 1h, sinal para que todas as guarnições rebeladas pusessem em curso a marcha.

Erguido pelo marechal, no Forte foram instaladas algumas das melhores peças de artilharia das Forças Armadas, divididas em quatro cúpulas, duas delas com capacidade de girar 360°. Na cúpula maior, dois canhões calibre 305 mm, capazes de perfurar o casco de encouraçados 23 quilômetros distantes. Cada bala, 400 kg. Na segunda, mais dois canhões, calibre 190 mm. As últimas, um par limitado a girar 180°, carregavam peças de 75 mm. Todas armas alemãs da marca Krupp. Nenhuma fortaleza tinha blindagem tão sólida no país. Nenhuma era capaz de resistir tanto a bombardeio pesado.

Pandiá Calógeras, o ministro da Guerra, ouvira dos artilheiros seniores que aqueles canhões de tiro longo e alta potência não conseguiriam bombardear alvos próximos na cidade. Tanto o Ministério da Guerra, ao lado da Central do Brasil, quanto o Palácio presidencial eram locais seguros. No alto de sua senioridade, os artilheiros estavam errados. Aquele grupo de jovens oficiais refez contas e preparou uma longa tabela. Acaso reduzissem a carga de cada bala, alterariam sua rota. Traziam os cálculos numa prancheta.

À 1h20, a cúpula de 190 mm lançou em alto-mar o primeiro tiro. O artilheiro responsável foi o tenente Delso Mendes da Fonseca. No silêncio da madrugada, foi sentido em quase toda a cidade.

Dentro do Forte de Copacabana, os militares revoltos se puseram a esperar. Ansiavam pela resposta dos outros fortes, pelo sinal de que estavam juntos. Principalmente de Santa Cruz e Imbuí, na cidade vizinha de Niterói. De lá, porém, apenas o silêncio. Um silêncio interrompido por um grito. "Covardes!", gritou Siqueira Campos.[12] "Cadê vocês?"

Siqueira tinha 24 anos recém-completos. E era esquentado. "Antônio ficava violento toda vez que mexiam com o seu direito",[13] diria um dos irmãos. Na única vez que foi repreendido como aluno, na Escola do Realengo, fora por ter lanhado a chibata nas costas do delegado de sua Rio Claro natal. Ele era de lá, do interior paulista. O avô lutara na Guerra do Paraguai como soldado raso. Um dos tios fora fazendeiro, tinha posses.

Mas não o pai de Siqueira. Seu pai era funcionário público, de classe média baixa. Como o rapaz era bom de matemática, chegou a sonhar com engenharia. Mas o dinheiro da família não dava, então foi ser militar. Na escola, se especializou em Artilharia. Tiro de canhão, matemática pura. Estudava. Lia muito: história, filosofia. Queridíssimo pelos colegas. Não era alto: 1,68 m, segundo a ficha de assentamento no Exército, que seguia: "nariz afilado, olhos esverdeados, rosto oval." Ou, descrito por uma moça apaixonada, "louro, de olhos azuis, translúcidos, e sorriso zombeteiro".[14] Os amigos concordavam que tinha um humor irônico, intercalado com períodos de melancolia. Ainda cadete, foi destacado com sua turma para vigiar um grupo grevista no bairro operário de Bangu. Para ele, e todos os seus colegas, o contato com a pobreza foi um choque.

Às 2h, o general Fernando Setembrino de Carvalho foi acordado por um enviado de Pandiá Calógeras. Apresentou-se em trajes civis, o uniforme ficara em Juiz de Fora, onde estava alocado. Ao chegar ao ministério, sua nomeação para chefe do Estado-Maior do Exército, já combinada, foi imediatamente antecipada. Perguntou pelo general Manuel Carneiro de Fontoura, comandante da Região. Foi informado de que "repousava em seu gabinete".[15] Calógeras aparentava calma, mas estava apreensivo. Ao seu redor, ninguém se entendia. Trouxera Setembrino para dar ordem à resistência. As informações desencontradas indicavam que a Escola marchava contra a capital e nada se ouvia da Vila Militar. Deviam estar juntos. Comunicações cortadas. Setembrino lacrou a sala de comando, acesso franqueado apenas ao ministro e generais. Quaisquer outros oficiais só entrariam por ordem. Mandou que se organizasse um destacamento para impedir o avanço das tropas revoltosas na altura do Méier. Daí seguiu para a Central do Brasil, acompanhado de trinta praças. Ia parar no Méier e, de lá, pegar o rumo da Vila. Se fosse necessário, comandaria da linha de frente.

Na Vila, no momento em que o capitão Monteiro caiu morto, o coronel Nestor Sezefredo dos Passos levantou-se. Num ato de autoridade profunda, deu passos em direção ao tenente Buys, ainda estupefato pelo fuzilamento de seu comandante, e "arrebatou a pistola de que se achava armado", conforme contou em depoimento.[16] Com a arma do tenente à mão, Sezefredo ordenou que Buys se rendesse. O tenente tinha o cassino cercado. E, no entanto, rendeu-se. Renderam-se todos de sua companhia. Sezefredo voltou-se para os oficiais. Precisava reagrupar e preparar resistência ao avanço da Escola. Alguns se recusaram a segui-lo; foram igualmente presos. Entre os presos, o tenente Artur da Costa e Silva.*

No meio do caminho de sua marcha para a Vila Militar, o coronel Xavier de Brito e os alunos da Escola foram surpreendidos por uma descarga de metralhadoras voltadas para o ar. No primeiro momento, acharam entusiasmados que eram tiros de boas-vindas. A ilusão durou pouco. Parte dos rapazes, ainda não mais do que jovens cadetes, debandou. Brito ordenou que os outros dessem meia-volta. Entrincheiraram-se, trouxeram para fora a artilharia. De longe, em seu trem, o general Setembrino lembraria que "de espaço em espaço se ouviam tiros".[17] A Vila e a Escola lutavam entre si. Não havia marcha contra a capital. Naquele momento, soube que a revolta fracassara. Pela manhã, Xavier de Brito rendeu-se com os cadetes. Preferiu não forçar um combate que poderia levar à morte de jovens que ainda não eram soldados.

O dia estava prestes a raiar quando o general Álvaro Ribeiro da Costa se apresentou no sítio do deputado federal Mário Hermes, no subúrbio do Rio. Caía uma garoa fina. Alguém lhe perguntou se acabara de chegar. Já estava ali perto fazia algum tempo. Ribeiro da Costa encontrou o marechal em um caramanchão do jardim, e imediatamente bateu continência. Hermes fumava um cigarro de palha. "General", perguntou ele, "quais são as suas ordens?" A resposta veio como num lamento. "Minhas ordens, não, marechal", disse. "Ordens do governo. Queira Vossa Excelência acompanhar-me."

---

* Ministro das Minas e Energia (1964) e da Guerra (1964-66) e 27º presidente do Brasil.

Entraram juntos em um automóvel solitário da presidência, parado rente ao portão. Mal se distanciou e outros carros chegaram perto, formando um cortejo. Uma cena tão parecida com a de poucos dias antes. Já parecia fazer tanto tempo. O marechal foi levado ao Ministério da Guerra e, de lá, para o Arsenal da Marinha, onde chegou às 9h. Embarcado numa lancha, subiu ao couraçado *Floriano* e foi recebido pelo comandante e toda a guarnição formada no tombadilho. Bateram continência. Hermes lhes retribuiu. Estava triste.

Muitos se perguntaram, nos meses e anos seguintes, o que aconteceria se Hermes tivesse seguido direto para a Vila. Se o homem em quem todos ali enxergavam a alma do Exército os tivesse inspirado. Talvez com um discurso. Talvez apenas por estar ali. De uniforme. Todas as suas medalhas. Muitos se perguntariam muito mais. E se Xavier de Brito tivesse tratado os estudantes como soldados e marchado contra a Vila mesmo sob o risco de perder algumas dezenas de rapazes? Poderia ter vencido. Perante o ataque, talvez os presos na Vila tivessem uma nova chance de revolta. E se o tenente Frederico Cristiano Buys, armado, tivesse atirado no coronel Nestor Sezefredo dos Passos? Ou não tivesse se permitido dominar? E se o coronel não tivesse tido aquele gesto de coragem pessoal e partido contra um tenente armado? Mas o coronel o fez. Virou general por conta. Foi o último ministro do Exército da República Velha, da República Oligárquica. O coronel Brito foi preso e passou à reserva. Os cadetes da Escola viveram para lutar como oficiais na Segunda Guerra.

Na capital, a revolta agora se resumia a um único Forte. Porque, em Copacabana, eles ainda não tinham notícias da Vila ou da Escola. Fora uma longa, longa noite. E estavam prontos para a luta.

Era bem cedo quando chegou ao bairro o coronel João Nepomuceno da Costa. Ele conhecia aquele Forte como poucos. Vinha se oferecer para auxiliar as Forças legais.

13

Rio de Janeiro, julho de 1922

UMA CHUVA FINA caía sobre a capital federal quando o dia 5 amanheceu. Durante a madrugada, a temperatura chegara aos 16ºC. Friozinho carioca. O vento oeste fraco não dava esperanças de fazer abrir o céu cinza em algum momento.[1] Os oficiais e os praças perfilaram perante o mastro central do Forte, em Copacabana, e hastearam a bandeira ao som do hino. Como num dia ordinário. "O tenente Siqueira apresentava grande animação",[2] lembrou um dos homens presos durante a madrugada. Foram de Siqueira as ordens para que as patrulhas se estendessem para um pouco mais longe da base. Queria notícias da Escola, da Vila Militar. Talvez as tropas já estivessem marchando contra o Catete.

No Túnel Novo, que dá acesso de Botafogo a Copacabana, o coronel João Nepomuceno da Costa encontrou uma força do Exército que fora deslocada pelo governo ao longo da madrugada. Um major no comando aguardava ordens. Nepomuceno seguiu com o carro na direção do Forte. Cautelosamente. No caminho, encontrou uma sentinela. Estava no posto desde a véspera, não sabia dar informações. Adiante, deparou-se com mais três, que o convidaram a seguir. "Notando intenções ocultas", contaria ele mais tarde, "resolvi retroceder imediatamente."[3] Na falta de orientação do comando, assumiu ele próprio a responsabilidade pelas operações. Não pretendia descansar antes de recuperar o controle da principal fortaleza do país.

A manhã já estava acabando quando o capitão Euclides Hermes assumiu o comando dos Krupp 190 mm. Durante a madrugada, haviam disparado contra o mar. Não mais. Fizera e refizera os cálculos. A cúpula girou lenta em direção à cidade, a munição foi levada à balança para pesagem e o canhão meticulosamente inclinado. Veio a explosão e a granada lançada contra o centro. Aí, depois, uma segunda. O capitão mirava a ala esquerda do Ministério da Guerra, lugar exato onde ficava a sala em cuja mesa fora assinada a ordem de prisão do marechal. De seu pai. Mas errou.

O primeiro tiro caiu no meio da rua, uma quadra antes, em frente à praça da República. Um silvo longo seguido da explosão, nuvem de poeira e estilhaços. Na região, moravam migrantes sírios e libaneses. Houve pânico. Operários das oficinas próximas saíram em disparada sem bem saber para onde, seguidos de moradores, que se vestiam às pressas para deixar suas casas.

Antes de haver a atual avenida Presidente Vargas, a praça da República terminava na avenida Marechal Floriano, onde ficavam os ministérios, a Central do Brasil e o imponente edifício da Companhia Light & Power, multinacional responsável pelo funcionamento dos bondes e fornecimento de eletricidade. Beirando a praça, no Palácio Conde dos Arcos,* operava ainda o Senado, que estava para entrar em sessão. Aquela explosão ocorreu a duzentos metros dali.

O segundo tiro disparado por Euclides caiu duas quadras além do ministério. Acertou em cheio o sobrado do meio numa série de três, colados, onde operava no andar de cima um cortiço e, no de baixo, um botequim.[4] A explosão foi tão violenta que descolou o prédio de sua fachada, que se estilhaçou no chão da rua Barão de São Félix. Aí a estrutura desmoronou.

---

* Atual Faculdade de Direito da UFRJ.

Àquela hora, um quê passado do meio-dia, havia pouca gente em casa. Durante a tarde, os bombeiros encarregados da remoção encontraram o corpo desfigurado de uma moça de 24 anos. Morreu, registrou com precisão o legista, por "esmagamento da cabeça, do tronco, dos membros inferiores e dilacerações múltiplas". Ao seu lado, em condições parecidas, estava o corpo de seu filho. O menino tinha 2 anos. Morreram no prédio, ainda, outro menino, de 9, e um rapaz de 16, além de um funcionário da Light que estava de folga. Tinha por volta de 50 anos.[5]

Mesmo sob bombardeio, 27 dos 63 senadores estavam no plenário às 14h, quando o presidente deu início à sessão. O velho parlamentar mineiro Francisco Sá foi o primeiro a subir à tribuna. "Senhor presidente", disse ele, "o requerimento que vou ter a honra de apresentar é um apelo que faço ao patriotismo desta assembleia." Aos 59 anos, Sá havia militado pela República desde o Império. Fora ministro de duas pastas no governo Nilo Peçanha. Mas era mineiro, ligado a Arthur Bernardes. "Informado de que à Câmara foi dirigida uma mensagem pelo senhor presidente da República, mostrando a necessidade de ser decretado o Estado de Sítio", continuou, "requeiro que o Senado constitua sessão permanente para que hoje mesmo esse projeto possa ser transformado em lei."[6] Epitácio pedia a suspensão emergencial de todos os direitos e garantias constitucionais na capital federal. O Senado precisava de maioria simples. Faltava gente.

Entre os parlamentares, o ânimo era de franco apoio. Com uma exceção. O igualmente veterano Benjamin Barroso, um general da reserva que governara o Ceará e fora ministro da Guerra. "Se o governo se acha com elementos para sufocar a sedição", protestou, "não tem necessidade que o Congresso lhe dê o Estado de Sítio." Voz solitária. "É uma audácia vir dizer isso da tribuna do Senado", reclamou um. Sá lembrou os canhões que estavam lançando tiros ali perto. "Os canhões estão respondendo aos ataques morais de todos os dias", replicou o velho general.

Mas o Senado entrou em sessão permanente. E, quando Rui Barbosa apareceu no plenário, às 14h45, o quórum necessário estava completo.

Rui já havia votado favoravelmente ao estado de sítio três vezes desde a proclamação da República. Em uma delas, durante o governo Hermes. Este poder, disse ele a seus pares, "nunca foi concedido, quer me parecer, em circunstâncias que mais o exijam". O estado de sítio foi aprovado antes das 15h por unanimidade. Barroso deixara o plenário.

Foi por essa hora que tocou o telefone no cabaré Mère Louise. A casa não contava mais com a presença de sua fundadora — madame Louise Chabas morrera quatro anos antes.[7] Mas tinha, ainda, muito do charme criado por ela. A portinhola de madeira no estilo saloon de faroeste, o piano, os shows no estilo francês e as moças, claro, sempre à disposição. Além do aluguel, para quem desejasse descanso ou qualquer outra coisa, de pequenos quartos.

O Rio de Janeiro fechara. O tráfego de bondes havia sido interrompido na direção de Copacabana e Ipanema, e quem chegava à Central do Brasil para comprar passagens nos trens-leito rumo a São Paulo ou Minas ouvia que era um risco.[8] O Exército poderia requisitar os carros a qualquer hora. Cinemas e teatros cerraram suas portas.

Mas não o Mère Louise. Estava aberto não só porque era um daqueles poucos cantos do Rio em que os boêmios sabiam poder encontrar as portas abertas mesmo de madrugada. Estava aberto também porque era a antessala do Forte, um dos lugares mais frequentados pelos jovens oficiais. E como o governo cortara luz, água e telefone para o Forte, só havia um jeito de se comunicar. No outro lado do telefone do Mère Louise, querendo falar com urgência, estava o Ministro da Guerra, João Pandiá Calógeras.

O capitão Euclides Hermes da Fonseca não tinha como saber se acertara o alvo com seus tiros. Em seu veemente protesto por alvejar a cidade, Calógeras inadvertidamente revelou que o tiro caíra no lugar errado. De volta ao Forte, Euclides sentou-se novamente perante o 190 mm. Cometera um erro tolo: não freara o canhão. O tubo deslizara ligeiro para trás. Não erraria novamente. Um tiro. Dois. Três. O primeiro caiu certo na ala esquerda do prédio do Ministério da Guerra.[9] O segundo e o terceiro, no pátio. Deixaram um rastro de mortos. Mas, àquela altura, Calógeras já sabia que os velhos artilheiros não entendiam daqueles canhões como os jovens oficiais de Copacabana. Na previsão de que o Ministério estava seguro, haviam fracassado. Ele já transferira para um quartel dos bombeiros seu QG. O que Calógeras não sabia era o tamanho da disposição daqueles mesmos jovens oficiais para a guerra.

Pouco antes das 15h, o coronel Nepomuceno da Costa, responsável pelo destacamento militar que pretendia derrotar o Forte, enviou para os rebeldes uma mensagem. "Comunico-vos que a Escola Militar e o 15º Regimento de Cavalaria já se renderam." Nepomuceno endereçou o comunicado ao general Bonifácio da Costa, que, embora prisioneiro, era o oficial mais graduado no local. "O Forte de Copacabana é a única unidade que falta se entregar", continuou ele. "Espero que a 1ª Bateria se renda imediatamente, para evitar maiores males pelo intenso ataque que serei obrigado a levar."[10]

A notícia abateu a todos. Estavam cansados e inapelavelmente sozinhos. Precisavam de tempo. O Forte hasteou bandeira branca. Não em definitivo, um pedido de trégua. E enviou um mensageiro para conversar com Nepomuceno. "Só obedeceriam ao marechal Hermes", ouviu o coronel. Seguiam ordens do marechal naquele momento e, portanto, esperavam dele o comando de cessar-fogo. Até que esta ordem viesse, propunham um acordo. "O Forte não atiraria mais na cidade e as forças legais não passariam da Praça Serzedelo Correia."

O presidente Epitácio Pessoa fora informado da rendição da Escola Militar às 14h30. A segurança no Palácio do Catete começava, aos poucos, a ser relaxada. Desde a noite, os bondes que passavam em frente haviam sido desviados e o trânsito para carros, em todas as ruas próximas, fora proibido. Havia uma longa linha de soldados nas quadras próximas, à frente e atrás do prédio. Mas o caminho dos pedestres já fora reaberto.

Quando desceu ao térreo, para a sala de despachos, Epitácio foi recebido por uma onda de aplausos. Eram quase 16h e ele estava bem-humorado. Algumas horas antes, havia informado seu sucessor por telegrama. "Hoje uma hora da madrugada rebentou movimento sedicioso nesta Capital em pequenas proporções circunscrito Forte Copacabana que não pode atingir cidade. Alguns oficiais que seguiram Vila Militar intuito revoltar forças foram presos ao chegarem ali. Uma tentativa revolta de uma companhia Batalhão Caçadores mesma Vila foi prontamente sufocada. Ignorado paradeiro Marechal Hermes. Marinha toda leal." Desde então, as notícias só melhoraram. E havia acabado de chegar, para sua assinatura, o decreto do estado de sítio aprovado por Câmara e Senado. "Nunca desejei e nunca pensei ter de assinar um ato como este", falou para todos os presentes na sala lotada, entre políticos, assessores e jornalistas. "Mas, agora, o faço gostosamente, certo de que estou prestando um serviço à República."[11] Gostosamente. Mais aplausos. Alguém, então, chegou com a notícia de que o Forte buscava negociar rendição. Epitácio estava no embalo. "Não entro em entendimentos com quem se subleva contra a lei."

O primeiro impacto contra o Forte de Copacabana veio às 16h. Partira da Fortaleza de Santa Cruz, em Niterói. Ainda estava vigente o cessar-fogo negociado com o coronel Nepomuceno. Mas a ordem partira de Epitácio.

Não seria a última vez que ordens atropelariam hierarquias, aumentando a confusão.

Os tenentes distribuíram-se no comando das cúpulas. Seu novo alvo eram as tropas legais. Atiraram contra Copacabana. A explosão de uma das três bombas derrubou um pedaço do palacete da família Guinle. Outra pôs abaixo parte de uma casa na esquina da elegante avenida Atlântica com a rua Hilário de Gouveia. Os ricos moradores do bairro o haviam, em grande parte, evacuado. Às 18h30, o Forte Imbuí começou a bombardear. Quando o capitão Euclides se pôs a calcular o tiro de retorno em seu gabinete, o general Bonifácio o interrompeu. "Onde vai atirar?" Sobre o Imbuí, respondeu o filho de seu amigo, o marechal. "Deixei minha mulher no Forte Imbuí", disse o velho. O capitão não titubeou. "Se dona Sara está no Imbuí, vou atirar sobre o batalhão naval." O general ainda não estava tranquilo. "Poderia mandar uma carta para minha mulher, aconselhando-a a que se retirasse do Forte?" Entregou a carta aberta, Euclides não a leu. Fechou-a, convocou um soldado e deu ordens para que a entregasse pessoalmente.[12]

"A polícia do Distrito Federal pede aos cidadãos ordeiros que se retirem do centro da cidade, porque vai agir com a máxima energia contra grupos que procurem perturbar a ordem", mandou afixar pelos muros o delegado geral Geminiano da Franca. Antecipou-se proibindo desde cedo a venda dos jornais que considerava oposicionistas. *Correio da Manhã*, *A Noite*, *O Imparcial*, *O Brasil* e *A Pátria*. Em protesto, Edmundo Bittencourt principiou a distribuir *O Correio* gratuitamente da entrada do prédio. Bastou que saísse o decreto do sítio. Bittencourt foi preso e, com ele, Raymundo Silva, redator-chefe que substituíra Mário Rodrigues. Na sequência, por ordens de Franca, a polícia prendeu Irineu Marinho, dono de *A Noite*. Os dois proprietários foram postos em uma cela na ilha das Cobras.[13] No fim do dia, o governo instituiu censura à imprensa, plantando um policial em cada redação. Antes que o ano terminasse, Geminiano da Franca foi nomeado ministro do STF.

"Comunico-vos de ordem do Governo da República que não é possível conceder aos elementos do Exército Nacional que se encontram revoltados no Forte de Copacabana, e sob vosso comando, o armistício solicitado", escreveu o coronel Nepomuceno ao capitão Euclides. Às 19h. Mera formalidade. A escuridão da noite é que impôs seu próprio cessar-fogo. Nepomuceno, a essa altura já oficializado no comando, havia dedicado as últimas horas a distribuir suas forças. Em uma casa elevada não longe dali, alojou o capitão Eurico Gaspar Dutra,* munido de bons binóculos

---

* Ministro da Guerra (1936-45) e 16º presidente da República.

e uma conexão telefônica direta com o QG do Túnel Novo. Sua missão seria observar a distância qualquer movimento no Forte. Nepomuceno pretendia que parte de seus homens atingisse Ipanema para que pudesse atacar os revoltados pelos dois lados. Os homens não chegaram a avançar. Mas as tropas legalistas se distribuíram por Copacabana. Chegaram até a região da praça Serzedelo Correia, entre as ruas Barroso* e Hilário de Gouveia. Havia promessa de que o Forte seria bombardeado por navios durante a madrugada, o que não aconteceu.

Os rebeldes esperavam esse ataque. Os tenentes Siqueira Campos, Eduardo Gomes e Newton Prado se puseram junto ao holofote com o apoio de alguns soldados. Permaneceram na vigília por longas horas, conversavam baixo. Jovens, porém amigos há tanto. Viveram juntos a intensidade do longo e exigente curso de preparação. Também, com a exceção talvez de frei Eduardo, as primeiras visitas às pensões próximas da Escola, onde viviam certas moças namoradeiras.[14] Descobriram juntos a política, no período em que o deputado Maurício de Lacerda frequentou constantemente o campus do Realengo. Sua turma fora formada com a Grande Guerra em curso e havia a possibilidade de o Brasil ser arrastado para o conflito. Quando ficou claro que isso não ocorreria, arrancaram de Lacerda a promessa de que poderiam ser enviados como observadores para as trincheiras. Viveram a ansiedade de esperar aquela notícia, de ver ação real, por longos meses, até a Câmara derrubar em terceira discussão o projeto do parlamentar.[15]

À espera, aproveitavam-se do raro silêncio. Tinham de encarar a possibilidade de que morreriam. "Preparemo-nos para matar e morrer", disse Siqueira. Ele era só bravura. E queria poupar o capitão. Entre os oficiais, o único com mulher e filhos. "Mas o comandante não nos deixará por coisa alguma", retrucou Prado. "Diremos que estamos perdidos e que só ele poderá valer-nos", respondeu. Euclides negociaria a rendição. "Nossas baixas, garantias de vida e passagens para a Europa."

---

* Atual rua Siqueira Campos.

Enquanto eles conversavam fora, o ambiente no interior do Forte era de desalento. Às 4h, o telefone tocou novamente no Mère Louise. E, novamente, era o ministro Calógeras. Eles não tinham chance. Mas o ministro oferecia garantia de vida. "Entendi prudente e digno de camaradagem", contou o capitão Euclides, "expor claramente aos oficiais o que se passava." O dia 6 estava prestes a amanhecer. O capitão reuniu seus companheiros. O assunto era o mesmo dos tenentes junto ao holofote, mas o tom, outro. Euclides Hermes da Fonseca ofereceu a cada um a possibilidade de retirada. Um dos oficiais perguntou se ele iria também. "Sim", respondeu. "Mas serei o último." Concordaram em pôr em liberdade todos os prisioneiros.

Newton Prado, que descera ao prédio, foi tomado de surpresa pelo rumo da discussão. Mandou chamar Siqueira com urgência. "Tentei demovê-los desse propósito", contou depois o tenente. "Com alguns não pude falar porque já se haviam retirado." Siqueira estava alterado. "Eu não vou. Toco fogo nessa porra, morro aqui dentro, mas não vou embora!" Disse, então, que era melhor liberar também os praças. "Aqueles que quiserem sair, serem entregues à polícia e fuzilados por ela, que saiam." Gritava. Havia mais de trezentos homens dentro do Forte. "Era gordo vestindo roupa de magro e magro vestindo roupa de gordo",[16] contaria alguns anos depois. Foi uma debandada. Quando o dia amanheceu, sobravam apenas 29. Deles, cinco oficiais. Euclides, Siqueira, Eduardo Gomes, Mário Carpenter e Newton Prado. De pronto, dispuseram-se perante os canhões.

O dia mal clareara quando os couraçados *São Paulo* e *Minas Gerais*, acompanhados do destróier *Paraná*, transpuseram a barra da baía de Guanabara. Abriram fogo contra o Forte. Os tiros potentes não foram capazes de perfurar a blindagem da área protegida. Um deles chegou a abrir um rombo com metro e meio de profundidade. Porque não havia energia, iluminavam o interior das cúpulas com velas. Bebiam água salobra, mal destilada do mar. E o bombardeamento aquecia o interior.

Suavam. Euclides, no comando do canhão 305 mm, tentou virá-lo contra o *São Paulo*. O motor falhava, a pressão hidráulica não permitia o giro. Quando um sargento eletricista foi checar, o descobriu sabotado. Entre os homens que haviam deixado a fortaleza, alguém arrancara peças. "Quem fez isso?", perguntou o capitão. "Não sei, senhor comandante", respondeu o sargento. Aquele canhão poderia ter posto a pique o *São Paulo*, mais moderna nave de guerra da Marinha. Mas, sem ele, os homens não podiam fazer nada além de receber as bombas torcendo para que a blindagem resistisse.

Na cúpula do 190 mm, Newton Prado e Mário Carpenter decidiram mirar a cidade. O Palácio do Catete. Mas não encontraram as tabelas com os cálculos de que haviam dependido até ali. O tiro errou o alvo, arrasando uma casa próxima. Quando soube que havia novos disparos contra a cidade, o capitão deu ordem para que fossem interrompidos.

O resultado não poderia ter sido outro. Pela terceira vez, tocou o telefone do Mère Louise. "O Governo pretende terminar a situação", disse Calógeras. "Tem elementos para destruí-lo, realizando ataques combinados das forças de terra e mar e ainda da esquadrilha de Aviação Naval." Propunha um cessar-fogo para nova conversa. O capitão concordou, mas não se intimidou. "Há o reverso", retrucou. "Desde que o Forte seja atingido pela primeira granada, eu e meus companheiros lançaremos o ferro e o fogo sobre a cidade, sem escolha de posição."[17] Aleatoriamente. O ministro foi informado de que eles tinham, ainda, 72 toneladas de explosivos. "Isto é uma arrasante", arrematou Euclides.

Por volta das 10h, o major Egídio de Castro Silva e o tenente-aviador Pacheco Chaves apareceram no portão do Forte. De longe, na entrada do prédio, os observavam o capitão Euclides e o tenente Eduardo Gomes. Emissários do ministro. Newton Prado foi recebê-los. Estava próximo quando dois aviões Breguet 14, de asas duplas, populares na Guerra, passaram em rasante. Um soltou uma bomba, que explodiu no mar, rente à mureta. Num estalar de dedos. A reação de Prado, perante a traição, foi imediata. "Só nos resta agora atirar até o fim", gritou, sacando o revólver. Pacheco Chaves não piscou. Agarrou-se com o tenente no susto, segurando seus dois pulsos. Tentou desarmá-lo, mas Prado mantinha a mão firme no gatilho. Sem escolha, Chaves atirou-o mureta abaixo, contra as pedras à beira-mar. "Se ele tivesse tido tempo, teria me dado um tiro à queima-roupa",[18] contou ao *Correio da Manhã*. Newton Prado sobreviveu à queda com fortes dores nas costas.

O cessar-fogo, proposto diretamente pelo ministro da Guerra, estava rompido. Mais um. Os aviões eram da Marinha, que não fora informada do acordo. Em mais uma ligação, Calógeras tentou se explicar. Propôs a Euclides uma conversa pessoal. Reuniram-se os cinco oficiais. Estavam cansados, tensos, tinham pouca ideia de quanto se batia cabeça no governo. Aquele convite podia ser uma armadilha. Mas os tenentes estavam convencidos de que o capitão devia deixá-los. Siqueira pegou então um papel onde redigiu três cláusulas. Garantia de vida para todos, baixa do Exército, livre saída para o exterior.

Euclides Hermes da Fonseca deixou o Forte de Copacabana às 11h30 do dia 6 de julho de 1922. Carregava sua pistola à cintura e seguia no carro de placa 231, conduzido por um soldado fardado. Na altura da rua Otaviano Hudson, um conhecido o reconheceu. "Chiru",[19] gritou. O automóvel não parou e o homem achou por bem avisar a um soldado legalista. A busca teve início. Quando o automóvel foi encontrado, o motorista informou que havia deixado seu passageiro à rua Guanabara, nº 60. Euclides não se escondia. Estava em casa, onde esperava contato com Calógeras. Mas, antes que o ministro pudesse se mexer, o general Hastínfilo de Moura, chefe da Casa Militar da presidência, recebeu a informação e enviou um capitão para prendê-lo. Não demorou para baterem à porta. Foi rendido, preso e levado ao Catete. "Que papel fez o senhor!", disse-lhe o general Moura. "Traidor duas vezes. Primeiro, do governo que lhe confiou as armas de que se utilizou, depois de seus companheiros aos quais abandonou." O capitão foi levado ao presidente da República. Quando Calógeras chegou tentando explicar, Epitácio o desautorizou.

Às 12h30, o telefone tocou pela última vez no Mère Louise. Quem o atendeu foi o novo oficial encarregado do Forte de Copacabana. Primeiro-tenente Antônio de Siqueira Campos. E não era o ministro no outro lado. Era o general Moura. Acaso os homens do Forte decidissem atirar contra a cidade, disse, Euclides Hermes seria sumariamente executado. O oficial pediu para falar com seu capitão. "Siqueira? É você?" A voz, exasperada. "Estou preso. Faltaram à palavra de honra." O tenente perguntou "De onde você fala?", Euclides respondeu "Do Palácio do governo. Tudo com que contávamos falhou. Nada do que queríamos querem nos dar. Estou falando na presença dos ministros da Guerra e da Marinha. E só nos garantem a vida se nos rendermos, os oficiais devendo marchar, desarmados, um após o outro, até a frente das tropas legais." Siqueira tentava compreender. "Pergunta quais as condições." Hermes deu a única resposta que tinha. "Sem condições, Siqueira. Sem condições." No Mère Louise, o tenente depôs o cone auricular do aparelho no gancho. "Siqueira?", buscou do outro lado Euclides. "Siqueira?"

14

Rio de Janeiro, julho de 1922

NEWTON PRADO ESTAVA sozinho. Um homem de cabelo castanho bem claro, olhos azuis. Completara 25 anos fazia menos de um mês. Siqueira, Gomes e Carpenter eram esguios, magros. Newton, mais ou menos com a mesma altura, tinha o corpo atarracado, forte. De guarda ao portão, estava descalço.[1] Vestia a calça de brim cáqui que compunha o uniforme do Exército, larga nas coxas, justa na panturrilha. Mas não a jaqueta. Estava só com a camiseta branca de baixo, já bem suja e rasgada. Suspensórios. Pelos rasgos, era possível ver entre roxos e arranhões o quanto se machucara no embate seguido de queda contra as pedras, algumas horas antes. Havia feito a barba de manhã. Separava-o da pista da avenida Atlântica uma barricada, emaranhado de colchões, bancos e camas de ferro.[2] Com a prisão do capitão Euclides, correra o boato de que o Forte ia se render. As forças legais permitiram que jornalistas se aproximassem, e, com eles, vieram também alguns moradores. Simpático, atento, Newton conversava com todos. Tinha, à mão, uma pistola Parabellum, a Luger modelo 1906 que fazia parte do arsenal básico do Exército. Ainda não eram 13h quando um soldado veio de dentro chamá-lo. Os outros tenentes o esperavam. Deu a mão a quem estava próximo e se voltou para o Forte.

O sol estava alto, a tarde limpa, e o termômetro encostando nos 23ºC.[3] O nublado do dia anterior se fora. A disciplina, também. Com a evacuação do quartel no final da madrugada, o ambiente estava uma bagunça. Malas de roupas escancaradas no chão, camas desfeitas. Garrafas vazias por toda parte.[4] Em uma mesa repousava, inocente, um bilhete assinado por Siqueira com requisição de víveres para um armazém próximo. No verso, uma caricatura de Epitácio Pessoa.[5]

Newton Prado foi encontrar seus amigos reunidos na sala de comando. Siqueira Campos propunha que continuassem o bombardeio da cidade, selecionando alvos de interesse militar. Ele se movia a adrenalina, energia pura. "Quando acabar a munição, fechamos o portão do Forte e tocamos fogo na pólvora."[6] Explodir o Forte. Um suicídio ritual. Eduardo Gomes se pôs contra. Bombardeios matariam mais civis. E o Forte não pertencia ao governo e sim ao Brasil. Preferia sair e enfrentar as tropas na rua. Perante o impasse, envolveram os soldados na decisão. "Siqueira Campos, sereno, bravo, heroico", descreveria em seu depoimento um deles, carregado de emoção. Inspirador, era o líder incontestável. Mas os homens seguiram Gomes. "Resolveram abandonar o Forte para não sacrificá-lo nem causar mais prejuízos à cidade",[7] relatou o tenente-aviador.

Dois soldados desceram a bandeira nacional, quase dois metros de comprimento. Com uma navalha, Siqueira a rasgou em 29 pedaços irregulares. Um para cada um e o último para entregar ao capitão Euclides. No Palácio do Catete. Carpenter escreveu em seu pedaço de bandeira: "Forte de Copacabana, 6 de julho de 1922. Aos queridos pais, ofereço um pedaço da bandeira em defesa da qual resolvi dar o que podia... minha vida. Mário Carpenter." Siqueira fez o mesmo. "Ao meu pai e meu irmão e à memória dos 28 companheiros e daquela que não posso dizer." Pensava em Rosalina Coelho Lisboa, uma moça morena e bonita de 22 anos com quem mantinha uma relação secreta. Viúva desde os 19, de família rica. Poeta publicada pela editora de Monteiro Lobato.[8]

Siqueira procurou Gomes e o encontrou no banheiro. Barbeava-se para o combate. O uniforme de aviador, diferente. Verde-oliva. E, diferentemente dos outros, Gomes deixaria o Forte com o uniforme completo e em alinho, incluindo gravata devidamente apertada e o quepe. Botinas e perneiras. Carpenter também calçou botinas e perneiras, mas não fechou os últimos botões da jaqueta. Newton só encontrou a perneira esquerda; seguiria assim. Posicionou o coldre em frente, na altura do umbigo. Siqueira não cobriu a cabeça, dispensou as perneiras.[9] Deixou um palmo das meias à mostra, por conta da calça curta. Os oficiais se livraram das insígnias de patente. Estavam todos juntos.

Newton abriu o cofre, pegou todo o dinheiro do Forte e o espalhou pelo chão. "Ninguém pega nada aí", disse. "É para aqueles covardes quando entrarem, porque eles vêm com fome de dinheiro."[10] Com um prego, alguém escreveu o nome dos 28 em uma das paredes. Carregaram os bolsos com balas. Calibre 7 mm para os fuzis Mauser 1908 e 7,65 mm para as pistolas Parabellum. "Era tanto peso que todo mundo rasgou os bolsos",[11] lembrou um dos praças. "Eles têm que atirar primeiro", ordenou Siqueira. "Não se dá nenhum tiro antes. Deixem eu conversar com quem chegar primeiro." Nem todos os soldados gostaram da ordem, mas aquiesceram. Tensos. "Se derem um tiro na gente, não precisam esperar ordem de fogo." Cálices com conhaque foram distribuídos. "Cuidado", alertou o comandante. "Não bebam muito."

Saltaram juntos a barricada.

Um carro vindo de Ipanema parou de presto, no susto, ao dar de cara com os soldados rebelados. Com um gesto, Siqueira os fez recuar. Mas gritou para que descansassem. Ninguém ia atirar. Antes que ele o percebesse, quatro praças fugiram. Um homem alto e magro, vestindo um elegante terno cintado de casimira cinza-escura[12] e chapéu preto mole, de aba larga, se apresentou como voluntário. Estava próximo do Forte, no cabaré, havia sido detido por uma sentinela naquele momento.[13] Newton lhe entregou sua carabina. Era o engenheiro gaúcho Octavio Correia, que vivia em Paris e estava de férias no Rio. Queria acompanhá-los. "Adeus, doidos", disse triste uma moça do Mère Louise. Um jornalista se aproximou, tentou demover Siqueira. "Ficara sozinho com aqueles companheiros", explicou o tenente. "O dever impunha-lhe o sacrifício." Um dos soldados trazia o fuzil numa das mãos, na outra sua corneta e uma bandeirinha brasileira. Viu um desconhecido que passava e lhe entregou uma carta. "É para minha mãe", disse. "Sou o último corneteiro do Forte de Copacabana."[14] Olharam à frente. Pouco mais de três quilômetros os separavam do Túnel Novo, no fim do bairro. Quase dez até o Palácio Presidencial. Não havia batido 14h. Os 25 se puseram em marcha.

No Catete, até ali estavam todos calmos. Contavam com a rendição. Durante o almoço, Epitácio pediu que lhe trouxessem o prato de comida de sua cadelinha Ninon. Aí, enquanto conversava bem-humorado, partiu miúda a carne para ela e, como de hábito, espalhou por cima um pó medicinal. Levantou-se para servi-la num canto próximo à porta.[15] A segurança fora relaxada desde às 10h30.[16] Mas, quando o ministro Calógeras contou que a negociação intermediada pelo capitão Euclides não dera certo, o presidente mudou. Deu ordens para que o *Minas* e o *São Paulo* começassem imediatamente a bombardear o Forte, apoiados por uma esquadrilha de aviões. Então chegou a notícia de que os soldados vinham em marcha. O tráfego de bondes foi novamente suspenso e as tropas voltaram a cercar o palácio. Mas não todas. Seu destacamento, a guarda do Catete, ordenou-a que fosse reforçar as tropas legais em Copacabana. Desceu ao primeiro andar do palácio para acompanhar a saída dos homens. Ao chão, apoiada apenas pelas patas traseiras, Ninon tentava lhe chamar a atenção.

Na praça Serzedelo Correia, em Copacabana, o capitão Pedro Crisol Fernandes Brasil recebeu do coronel João Nepomuceno da Costa ordens de dispor seus homens para a batalha. Brasil vivia um drama. Seu filho, Ari, era um dos cadetes presos após a revolta da Escola Militar.[17] E a notícia que recebera era de que pelo menos sessenta rebeldes marchavam em sua direção. Dividiu então sua companhia em três pelotões que entregou a três segundos-tenentes. O primeiro, comandado por João Segadas Viana, faria na rua Barroso o primeiro combate. O segundo, sob as ordens de Pedro Miquelena, ficaria postado na Hilário de Gouveia, a rua seguinte. João Francisco Sauwen estaria com seus homens na praça, garantindo a retaguarda.

Os rebeldes pararam três quadras antes, em frente ao Hotel Londres. O Copacabana Palace ainda estava em construção. Com quatro andares e uma torre de cinco anexa, o Londres era o melhor da Zona Sul carioca. Os funcionários lhes trouxeram do que beber. "Uma mulher portuguesa", contou um dos militares, "lamentou que não pudesse oferecer outra coisa senão água."[18] Algumas moças saíram correndo do prédio. "Siqueira", gritavam. "Para onde você vai?"[19] Os oficiais do Forte eram conhecidos em todo o bairro. "Vamos até o Palácio do Catete atrás do comandante", respondeu ele. "Você está louco", disse uma. "Newton, tenha juízo." Elas se atracaram com um soldado. "Venha cá, meu filho, tão novinho, tão bonitinho para morrer." Levaram-no para o interior do prédio, onde o esconderam. Outro também fugiu. Alguém perguntou a Siqueira se era para ir atrás. "Deixa."[20]

Mas Siqueira estava preocupado. Foi para trás do grupo conversar. O fotógrafo Zenóbio Rodrigo Couto, da revista *O Malho*, apareceu. Aos 35 anos, era um homem cioso da aparência. Costumava vestir gravata-borboleta e colete, com uma corrente metálica o atravessando para terminar num relógio.[21] Zenóbio trazia à mão uma câmera Contessa-Nettel de fole, portátil por dispensar o tripé. Afastou-se alguns metros e pôs-se em frente ao grupo. Enquadramento perfeito, o ponto de fuga no centro, perspectiva renascentista. As sombras bem próximas aos corpos, embora já inclinadas, indicam que se aproximava das 15h. Eduardo Gomes e Mário Carpenter caminham pelo calçadão ornado com o padrão de ondas. O cabelo de Carpenter contra o vento, em desalinho. Andando na pista de carros, Newton Prado traz a pistola Luger à destra. Está no meio.

À esquerda, o engenheiro Octavio Correia carrega seu rifle. Termina a primeira fila o soldado Pedro Ferreira de Melo, um homem negro que fita o fotógrafo com certo desdém, carregando displicente a Mauser. Estão todos sérios, mas Prado é o único que parece acusar algum tipo de tensão no rosto. Clique. Um homem de bicicleta os observa. Alguns outros, a pé. Naquele que seria o principal registro histórico do 6 de julho de 1922, Siqueira Campos não apareceu. Zenóbio ainda se afastou, trocou a chapa de vidro de 13 por 18 centímetros e bateu uma segunda fotografia de todos, esta de lado. Ainda sem Siqueira.

Aí, numa esquina, virou o tenente Segadas Viana. Tomou um susto. Três dos soldados rebeldes o dominaram, Segadas sacou a pistola. Carpenter, num gesto, pediu calma a todos. Siqueira se aproximou. Na outra esquina, dobrou o capitão Brasil. De longe, vindo na direção do grupo, arma em punho, o capitão gritou. "O que é isso, companheiro?"[22] Todos com suas Lugers. Siqueira abriu a jaqueta com força, arrancando-lhe os botões. "Não pertenço a este Exército."[23] Carpenter ainda fez uma busca por explicar. Brasil era seu superior direto. "Capitão, nós não viemos nos entregar", disse ele. "Nós queremos morrer combatendo vocês."[24] O oficial ainda fez um movimento em direção a seu tenente. Carpenter ergueu a pistola. "Mato-te, capitão." Da rua Barroso, transversal à Atlântica, os homens de Segadas levantaram seus rifles. Os soldados rebeldes começaram a se afastar, na direção da praia. A essa altura, já eram quinze. "Vocês estão cometendo um ato de loucura", gritou Brasil, que calmamente andava ainda na sua direção. "Nós vamos ao Catete, capitão", respondeu um deles. "Rapazes", gritou Pedro Crisol Fernandes Brasil, "Atirem! Atirem!"[25] Sequer respirava, voltando-se para a rua transversal em busca de proteção. "Fogo! Fogo!"

E um soldado atirou.

A bala atingiu o praça Pedro Ferreira de Melo, que caiu imóvel na pista da avenida Atlântica. "Que horror", exclamou Carpenter. "Era a primeira vez que via uma pessoa morrer", contou já velho Eduardo Gomes. Com frieza, Siqueira correu para a praia virado para os soldados de Segadas sem deixar de atirar um único momento. A avenida estava em obras, e, entre a calçada e a areia, havia um desnível que lhes garantia proteção. Quatro deles retrocederam até quase o mar e cavaram buracos onde se meteram. Os dezoito do Forte foram onze. Ou doze, com Pedro morto.

Prado pegou o rifle abandonado por um dos soldados e pôs-se a atirar com precisão. Enquanto os legalistas mantiveram, entre rifles e metralhadoras, uma chuva constante de balas, os homens do Forte as economizavam. "Não combato com inimigos valentes", disse o capitão Brasil pedindo reforços. "Combato com loucos." Uma bala perfurou a coxa esquerda de Gomes, fraturando o osso. Reajeitou-se e seguiu atirando. O pelotão que estava na retaguarda veio à frente para o apoio. Soldados subiram nas árvores e telhados para atirar de cima. Parecia chover no mar dados os salpicos constantes.[26] Os soldados atiravam de lado, diminuindo a silhueta. Sem jamais ter aprendido técnica de combate, Octavio Correia, que se punha de peito aberto, levou um tiro e largou o fuzil, caindo de costas contra a areia. Ainda respirou um pouco antes de morrer.

Um carro da Brasília Filmes, levando diretor, câmera, auxiliar e motorista, apareceu então na avenida em meio às balas. Sem compreender bem o que se passava, os homens do governo abriram fogo. O automóvel virou a Barroso em busca de abrigo, vieram os tiros de frente. Estraçalhou-se num poste. "Atirava-se a esmo e sem necessidade", contaria depois o diretor Salvador Aragão. "As metralhadoras queimavam extensas fitas de balas, rumo da praia, sem saber-se contra quem. Os oficiais não davam ordens: os praças agiam por si. Vi muitos mortos e feridos contorcendo-se no chão." O motorista morreu na hora. O auxiliar teve parte do maxilar e um dos olhos arrancado. O câmera, o braço esquerdo esfacelado.

Um dos soldados rebeldes levou um tiro no rosto que causou mais sangue do que dano. Sem conseguir enxergar, levantou-se gritando. O segundo tiro foi fatal, seu corpo despencou com a cara enterrada na areia. A mão esquerda de Siqueira foi atingida. Prado levara dois tiros, um no abdome, outro na perna. Seguiam, ambos, atirando. Gomes, inconsciente. Após mais de uma hora, os tiros dos rebeldes iam ficando escassos. O capitão Brasil recebeu ordem de dar carga. Baionetas. Ignorou-a. Esperava que cessassem fogo. Esperava que pudessem sobreviver. Ao menos alguns. O último tenente atingido foi Carpenter, um tiro no tórax. Apagou. Newton ergueu seu rosto com uma das mãos, tentava acordá-lo. Não aconteceria.

Foram todos, lentamente, desligando.

O que os homens do Exército se recusaram a fazer, a Polícia Militar fez. Os carros da PM apareceram e deles saíram cem soldados, fuzis à mão, todos com faca na ponta. O coronel Tertuliano de Albuquerque Potiguara, carniceiro da Guerra do Contestado, os comandava. "Isso se resolve com carga", disse para o tenente Segadas. "Calar baionetas", gritou. "Avançar!" Os PMs seguiram para a praia. Um sargento viu Siqueira, levantou o fuzil para fincar. O tenente, entre acordado e indo embora, puxou o gatilho. Atingiu em cheio o rosto do policial, que ainda assim cravou a baioneta no seu fígado.

Antônio de Siqueira Campos ainda viu, num lapso de consciência, o primeiro médico militar que o atendeu na praia. Era um colega. Não entendeu que estava sendo atendido para os primeiros cuidados. "Até você?", disse. Newton Prado, o mais forte entre eles, pediu ao doutor um cigarro.[27]

Hermes da Fonseca,
8º presidente da República.
(Autoria desconhecida)

Epitácio Pessoa,
11º presidente da República.
(Autoria desconhecida)

Antônio de Siqueira Campos, Primeiro-tenente do Exército Nacional. (CPDOC-FGV)

Miguel Costa, major da Força Pública de São Paulo. (Acervo de Yuri Abyaza Costa)

Joaquim Távora,
capitão do Exército Nacional.
(Autoria desconhecida)

Luís Carlos Prestes,
capitão do Exército Nacional.
(Autoria desconhecida)

Ressaca na avenida Beira Mar. Rio de Janeiro, 15 de julho de 1921. (Revista *Careta*, edição de 23 de julho)

O marechal Hermes é recebido com festa no Rio de Janeiro, ao chegar da Europa, em 4 de novembro de 1920. (Revista *O Malho*, edição de 13 de novembro)

Maurício de Lacerda (calvo), constante centro das atenções em plenário. (Revista *Careta*, edição de 11 de dezembro de 1926)

Oficiais e soldados alocados no Forte de Copacabana, julho de 1922. O primeiro-tenente Newton Prado é o quarto da esquerda para a direita, na primeira fila; o capitão Euclides Hermes é o sétimo; Siqueira Campos, o oitavo. (CPDOC-FGV)

Soldados legalistas enfrentam longa espera entre negociações e tiros, à beira do Túnel Novo, em Copacabana, julho de 1922. (Revista *Careta*, edição de 15 de julho)

À esquerda, os destroços de um cortiço no centro do Rio de Janeiro. À direita, velório de uma das vítimas no Ministério da Guerra. (*Revista da Semana*, edição de 15 de julho de 1922)

Acima, soldados reunidos em frente ao Mère Louise, e, abaixo, sentinelas próximos ao Forte de Copacabana, na avenida Atlântica. (Acervo José Ramos Tinhorão/IMS)

Newton Prado de sentinela do Forte, com jornalistas, antes da marcha suicida. (Revista *Careta*, edição de 15 de julho de 1922)

Ao centro, da esquerda para a direita, Eduardo Gomes, Mário Carpenter, Newton Prado e Otávio de Farias em marcha no registro histórico de Zenóbio Couto. Abaixo, soldados legalistas observam os cadáveres na praia após o confronto. (Revista *Careta*, edição de 9 de setembro de 1923)

De terno, o ministro da Guerra Pandiá Calógeras, cercado de seus generais. À sua esquerda, o marechal Setembrino de Carvalho, que comandou a resistência ao levante de 1922. (Revista *O Malho*, edição de 22 de julho de 1922)

Oficiais presos após o levante. Em pé e ao fundo, de óculos, Eduardo Gomes. Juarez Távora, que havia participado do levante no Mato Grosso, é o último sentado, à direita. Na foto ao lado, novamente, Eduardo Gomes na prisão. (CPDOC-FGV)

Soldados rebeldes reúnem-se no Quartel da Luz, São Paulo. (Revista *Careta*, edição de 2 de agosto de 1924)

Trincheiras improvisadas com paralelepípedos, por soldados legalistas, espalharam--se pela cidade. (Acervo Apparecido Jannir Salatini)

O general Isidoro Dias Lopes (à esquerda) e o tenente policial João Cabanas (à direita). (Autoria desconhecida)

O governador Carlos de Campos (à esquerda) e o presidente da Associação Comercial, José Carlos de Macedo Soares (à direita). (Autoria desconhecida)

Saques por toda São Paulo. (Fundação Energia e Saneamento)

Uma escola metralhada na Mooca. (Fundação Energia e Saneamento)

A fábrica Crespi após intenso bombardeio. (Acervo Apparecido Jannir Salatini)

Uma bala de canhão deixou trinta mortos no Cine-Teatro Olympia, que servia como o maior abrigo de desamparados, no Brás. (Acervo Apparecido Jannir Salatini)

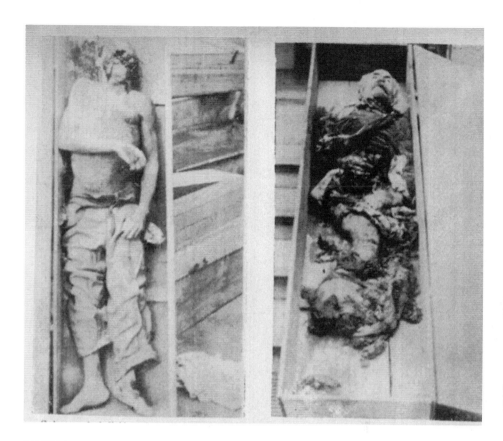

Cenas da guerra civil em São Paulo. Acima, vítimas do bombardeio governista. Abaixo, um cemitério improvisado no Ipiranga. (Revista *Careta*, edição de 9 de agosto de 1924)

Os tanques do governo chegam à cidade. (Acervo Apparecido Jannir Salatini)

Ao centro, o general Eduardo Sócrates e o governador Carlos de Campos, vitoriosos, na capital reconquistada. (Acervo Apparecido Jannir Salatini)

As tropas rebeldes deixam São Paulo. (Autoria desconhecida)

O alto comando da Coluna Prestes. Da esquerda para a direita, sentados, Siqueira Campos é o segundo, Prestes, o terceiro, seguido de Miguel Costa e de Juarez Távora. (CPDOC-FGV)

Luís Carlos Prestes, primeiro à esquerda, e Miguel Costa, ao centro. Amigos no exílio. (Acervo de Yuri Abyaza Costa)

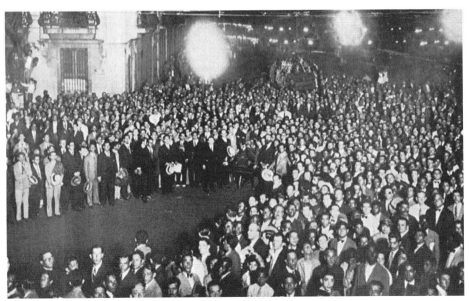

O corpo de Siqueira Campos é recebido por uma multidão em São Paulo. (Revista *Careta*, 14 de junho de 1930)

15

Rio de Janeiro, julho de 1922

Epitácio Pessoa apareceu à porta no início da noite. Àquela altura, já havia visitado dois hospitais e ouvira pessoalmente, do coronel Potiguara, a história de como mesmo perante a baioneta Siqueira ainda atirava. Encontrou o tenente deitado numa cama da Estação de Assistência e Profilaxia do Exército, no centro da cidade. Tinha o peito nu, coberto de curativos. Oscilava entre estados de consciência. Seu corpo fora atravessado não uma, mas duas vezes por baioneta.[1] Os policiais queriam matar. Ao ver o presidente da República, o tenente virou levemente o rosto. Temia ouvir uma reprimenda, viver um constrangimento. Sentia, também, alguma vaidade pela visita.[2] Epitácio se aproximou. "Frio",[3] murmurou Siqueira. O presidente da República pediu aos médicos um cobertor e o cobriu. Carpenter morrera chegando ao hospital. Eduardo Gomes, com fratura exposta na perna, estava em cirurgia. Epitácio encontrou Newton Prado acordado. Também com o torso nu, atado e apertado por fitas de gaze, apoiava a cabeça nas duas mãos cruzadas sobre o travesseiro. "Como é que o senhor rebela-se contra o governo?", perguntou. "São coisas da vida", respondeu-lhe.

Quando foram despidos, Siqueira e Newton pediram para ficar com os retalhos da bandeira. Newton esteve sempre consciente. Na maca, em

Copacabana, um repórter da *Gazeta de Notícias* o entrevistou. Perguntou se sabia que ele e Siqueira haviam feito a cidade se emocionar. "Com meu ato, não vejo por quê", respondeu. "Com o heroísmo dele é compreensível o enternecimento da cidade." Ainda tinha os bolsos da jaqueta cheios de balas. Estava, no entanto, com estômago e intestino perfurados por dentro. Sangrou o tempo todo. Newton morreria na madrugada do dia 12. Dos quatro tenentes, Siqueira Campos e Eduardo Gomes foram os sobreviventes.

Nunca será possível estabelecer ao certo quantos soldados resistiram na praia. O número mais provável é onze. A bandeira foi cortada em 29 pedaços e 28 partiram do Forte. Algumas das deserções foram percebidas ao longo do caminho, outras não. Os testemunhos dos tenentes entram em conflito. Havia tensão, é natural que a memória falhe. Mas dezoito é o número mítico. Eram menos. Velho, refletindo sobre aqueles dias, o general Delso Mendes da Fonseca contou que o desejo frustrado de sua turma de participar da Guerra na Europa influíra na decisão dos tenentes de buscar sua própria guerra particular.[4] Delso fez parte do grupo que deixou o Forte na manhã do dia 6. Foi o artilheiro responsável pelo primeiro disparo, o que abriu a revolta.

O suicídio ritual dos rapazes transformou o que nasceu como disputa política, transformando o clima do país. E inspirando muitos. O cenário previsto por Epitácio dois meses antes, na Sala da Capela, se frustrou. A presidência Arthur Bernardes sobreviveria mais do que alguns dias. Mobilizados pela prisão de Hermes no início de julho, os tenentes se anteciparam a coronéis e generais. Mal planejado, só no ímpeto juvenil, o golpe fracassou. Epitácio aconselhou Bernardes a anistiar os presos. Seu ministro da Guerra, o general Setembrino de Carvalho, fez o mesmo.

Bernardes tomou posse numa festa em que incluiu a polícia mineira, de sua confiança, na pesada escolta armada. "O presidente vai esquecer as ofensas feitas ao candidato",[5] disse. Sequer cogitou cumprir a promessa. Assumiu o governo com o país em estado de sítio e o manteve assim, com as garantias constitucionais parcialmente suspensas, por todo o mandato. Não houve anistias. Nos quatro anos seguintes, insistiu com o Congresso que o presidente precisava de mais poderes. Recusou-se a reconhecer a eleição de um candidato ligado a Nilo Peçanha no estado do Rio, e nomeou um interventor.

Hermes da Fonseca foi solto mediante habeas corpus concedido pelo Supremo após seis meses de prisão. Estava doente. Morreu em setembro de 1923. Seu amigo, o general Bonifácio da Costa, preso pelo capitão Euclides no Forte, pediu para passar à reserva. "Sou um general prisioneiro de um capitão", chegou a comentar durante a primeira longa madrugada. "Minha carreira está terminada."[6] Entre jornalistas e políticos, vários outros foram detidos ou presos nos dias seguintes. O ex-governador baiano J. J. Seabra, candidato a vice de Nilo, convocado a prestar depoimento. Maurício de Lacerda, preso por ser "um elemento suspeitíssimo".[7]

Em janeiro de 1923, Siqueira e Gomes foram beneficiados pelo mesmo habeas corpus coletivo que tirou o marechal da prisão. Em fevereiro, de óculos escuros, apoiando-se numa bengala e à paisana, Siqueira tomou um trem para São Paulo. Da capital, desceu ao sul. De Santa Maria, passou ao Uruguai, exilando-se. Eduardo Gomes seguiu para o Mato Grosso. Também houve um levante, bem menor, no estado. Adotou o nome Eugênio Guimarães, e, dando aulas de matemática para sobreviver, mergulhou na clandestinidade.[8] Tanto Siqueira quanto Gomes começariam uma longa correspondência com os irmãos Joaquim e Juarez Távora,* responsáveis pela revolta mato-grossense.

Sua guerra não havia terminado.

Durante vários meses, o nome daqueles soldados se manteve escrito a prego na parede do Forte de Copacabana.

---

* Ministro da Viação (1930 e 1964-67), da Agricultura (1932-34) e deputado federal (1962-64).

Joaquim e Miguel

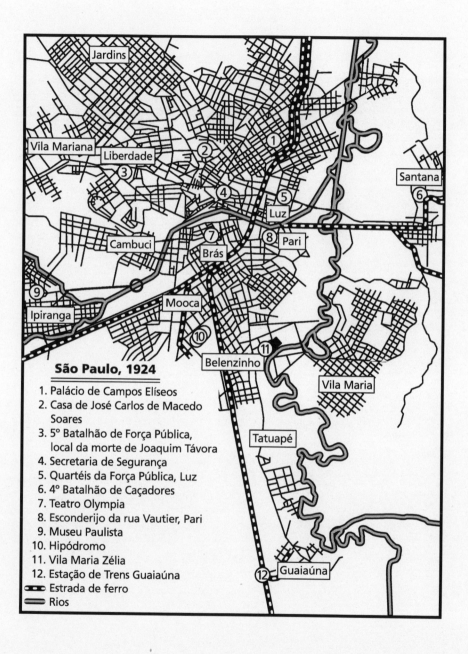

Personagens em julho de 1924

Rebeldes

Asdrúbal Gwyer de Azevedo. Segundo-tenente.

Custódio de Oliveira. Primeiro-tenente, alocado no 2º Grupo Independente de Artilharia Pesada, em Quitaúna (SP).

Eduardo Gomes. Primeiro-tenente aviador, desertor do Exército.

Índio do Brasil. Capitão da Força Pública de São Paulo.

Isidoro Dias Lopes. General de brigada reformado.

João Cabanas. Tenente da Força Pública de São Paulo.

João Francisco Pereira de Sousa. Líder militar maragato, no Rio Grande do Sul. Apelidado de a *Hiena do Cati*.

Joaquim Távora. Capitão, desertor do Exército.

Juarez Távora. Primeiro-tenente, desertor do Exército.

Lourenço Moreira Lima. Advogado.

Miguel Costa. Major da Força Pública de São Paulo.

Newton Estillac Leal. Capitão, alocado no Estado-Maior da 2ª Região Militar.

Legalistas

Abílio de Noronha. General de divisão. Comandante da 2ª Região Militar com sede em São Paulo (SP).

Antônio Pietscher. Tenente da Força Pública de São Paulo.

Bento Bueno. Político. Secretário de Justiça de São Paulo.

Carlos de Campos. Político. Deputado federal (1918-23), governador de São Paulo (desde 1924).

Eduardo Arthur Sócrates. General de divisão. Comandante da 1ª Região Militar com sede no Rio de Janeiro (DF).

Marcílio Franco. Major, chefe da Casa Militar do governo de São Paulo.

Outros

Eurico de Góes. Advogado.

Firmiano Pinto. Prefeito de São Paulo.

José Carlos de Macedo Soares. Empresário, presidente da Associação Comercial de São Paulo.

Paulo Duarte. Advogado e jornalista.

16

São Paulo, julho de 1924

Os DOIS HOMENS deixaram o pequeno sobrado da rua Vautier, bairro do Pari, por volta das 2h. Dia 5 de julho, 1924. Aniversário de dois anos do levante. Fazia muito frio, um frio de inverno paulistano, e por isso vestiam sobretudos. Pistolas Luger ao bolso.[1] Estavam acostumados a andar na penumbra da noite. Homens que vivem na clandestinidade se habituam com os jeitos de chamar pouca atenção. Um atendia por Eugênio Guimarães, advogado e professor primário. O outro, J. Fernandes. Codinomes. Joaquim Fernandes do Nascimento Távora, 43 anos. Capitão do Exército, desertor. Joaquim Távora. Ninguém o reconheceria pelo sobrenome Fernandes, que nunca assinava. Eugênio, bem mais moço, tinha 27 anos e, míope, usava óculos. Tenente-aviador. Também desertor. Frei Eduardo. Eduardo Gomes. Tinham, pela frente, uma caminhada de aproximadamente cinco quilômetros, uns cinquenta minutos em passo firme, até o 4º Batalhão de Caçadores, em Santana.

Em 1922, Joaquim Távora havia participado da revolta no Mato Grosso, simultânea à do Rio de Janeiro. Desapareceu após deixar a prisão com o habeas corpus geral. Era um homem alto, atlético, que raspava inteiramente a cabeça. "Bandeira, cérebro e alma do movimento", disse um companheiro.[2] Um cearense de olhos profundos, não raro com olheiras.

Passara o último ano circulando o país com seu irmão Juarez. Em cada quartel, ouvia atento, falava. Identificava aqueles com quem podia contar, traçava planos. Era um homem dado a essas conversas, principalmente com os oficiais mais jovens. "Socialista ardoroso, explicava-nos os acontecimentos políticos à luz da economia",[3] lembraria um deles. Enérgico, não deixava passar qualquer sinal de indecisão. Desta segunda vez, a revolta não ia falhar. Com tempo e paciência, ele mesmo a planejara.

Joaquim Távora e Eduardo Gomes passaram pelas sentinelas do quartel de Santana e, no interior, encontraram alguns oficiais que já os esperavam. Deram ordens de acordar os praças e os fizeram perfilar. Eram 3h. Após poucos minutos, já tinham uma pequena força de oitenta homens. Puseram-se, então, em marcha até a Ponte Pequena,[4] sobre o rio Tamanduateí. Ali, dividiram-se na direção do bairro da Luz. Havia quatro quartéis da Força Pública de São Paulo, além de sua escola preparatória, na região. Pretendiam tomá-los todos.

A Força Pública, estrutura policial militar do estado, impunha respeito. Ao todo, 14,2 mil homens, o equivalente à metade do número de soldados do Exército. Treinada por uma missão francesa, assim como ocorrera com as Forças Armadas, contava com equipamento moderno, que incluía canhões de artilharia e até alguns aviões.[5]

Era alta madrugada quando um capitão bateu à porta do general Abílio de Noronha, comandante da 2ª Região Militar. Noronha havia ficado até tarde em uma festa para celebrar os 148 anos de independência dos Estados Unidos. Estava entre os convidados do cônsul. O general ouviu atento o que seu visitante tinha para dizer. Aí, pegou o telefone e fez acordar o chefe da Casa Militar do governador Carlos de Campos. "Acabo de ter comunicação de que há uma revolta no quartel de Santana",[6] disse. Pôs o uniforme, tomou seu carro e seguiu para o 4º Batalhão.

Enquanto Joaquim Távora avançava contra os quartéis da polícia, seu irmão Juarez apareceu na casa da avenida Tiradentes, nº 91, ali bem perto. Acordou o coronel Domingos Quirino Ferreira, comandante da

Força Pública, e o prendeu imediatamente. Levou-o de pijama para a cadeia. Terreno limpo.

Já perto das 4h, em um dos quartéis, o capitão de polícia Índio do Brasil surpreendeu o soldado sentinela. Queria inspecionar sua munição. "Está muito velha e estragada", disse. "Vou mandar substituí-la." Partiu com o jovem para dentro, onde se encontrou com o sargento responsável pelo turno da madrugada. "Acaba de explodir uma revolução no Brasil", informou Índio. "De nada adiantará resistir." Naquele momento, já entravam pela porta sem vigia trinta soldados do Exército, liderados por dois tenentes. Os oficiais que dormiam no quartel foram presos e os soldados, perfilados. Receberam ordens de marchar em direção ao Regimento de Cavalaria da Força Pública. Em menos de uma hora, caíram o 1º, o 2º e o 4º Batalhões de Polícia.

Eram 4h30 quando o major Miguel Costa, do Regimento de Cavalaria, sacou o revólver e deu ordem de prisão a seu comandante. O velho chorou, foi ignorado. Costa mandou pegar metralhadoras pesadas que ficavam no arsenal. E pôs em formação os cavalarianos. A eles, disse que, entre outras razões, o objetivo do levante era melhorar salários. Aí subiu ao quarto andar do prédio com o corneteiro e, da janela, ordenou que invertesse o bocal do clarim e mandou soar o toque de formatura.[7] Era o sinal. Os tenentes nos quartéis vizinhos souberam que tudo funcionara. Ainda não havia amanhecido e já contavam com aproximadamente oitocentos homens.

O que não sabiam era se a outra parte do plano dera certo.

Com 700 mil habitantes, São Paulo era a segunda maior cidade do país. O Rio se disfarçava em longas obras que buscavam transparecer um ideal de nação. São Paulo não dissimulava. Lá estava de forma crua o melhor, assim como o pior, do Brasil. Economicamente, a República lhe fizera bem. As plantações de café estimularam o traçado de estradas de ferro que ligavam a capital do estado ao interior, e tudo aos portos. A riqueza transformou São Paulo por completo de duas formas. A primeira, imigrantes. No ano em que o marechal Deodoro proclamou o novo regime, 5,4% da população do estado era composta de estrangeiros.[8] Em 1920, a proporção batia em 18,1%. Italianos, principalmente. Também portugueses, espanhóis, japoneses e libaneses. Desde o final da guerra, o número de alemães que chegavam vinha crescendo mais do que qualquer outro grupo.

O dinheiro do café permitiu também a rápida formação de uma base industrial. Ergueram-se as fábricas nos leitos das estradas de ferro. Eram terrenos mais baratos e a distribuição dos produtos seria facilitada. As indústrias têxtil e de alimentos se concentraram no Brás e na Mooca.[9] O moinho Matarazzo e a Tecelagem Mariângela, do conde Francisco Matarazzo. Ou o Cotonifício Crespi, do também conde italiano Rodolfo Crespi. A Companhia Antarctica, de cervejas, os moinhos Gamba e Paulista. Para o Belenzinho foram as empresas de vidro: Santa Marina, Itália, Paraíba. Um estudo realizado em 1912 em algumas fábricas têxteis apontou que, num universo de 9 mil empregados, 80% eram estrangeiros.[10] Empregados que terminariam por morar por ali mesmo, ou ainda em bairros vizinhos, como o Bom Retiro ou o Pari. Bairros que tinham por vista as chaminés de fumaça negra, sinais de progresso e riqueza.

O melhor, o pior. Mais da metade dos operários eram mulheres ou crianças. Mulheres ganhavam metade do salário de um homem. E cada criança, um décimo. A lei proibia que se contratasse qualquer um com menos de dez anos ou que menores de 18 trabalhassem à noite. Era simplesmente ignorada. Estes cumpriam jornadas de até 12 horas, em geral nos períodos noturnos. "Quando um menino vem a ter muito sono e larga o trabalho, indo dormir alguns minutos escondido",[11] contou um deles em depoimento, "acordam-no com um banho de água fria." Trabalhava no Cotonifício Crespi. Eram esbofeteados, levavam pontapés, apanhavam de vara. Eram multados por qualquer ofensa e tinham os salários descontados.

Os ricos e a pequena classe média alta buscavam morar no bairro dos Campos Elíseos ou em dois loteamentos mais recentes. Um deles, Higienópolis. O outro, e o mais especial, a avenida Paulista, traçada seguindo o eixo de uma estrutura rochosa chamada de Espigão Central. O ponto mais alto da cidade. Esses homens e mulheres frequentavam o Jóquei e o Automóvel Clube. Para ser sócio, não bastava ter dinheiro. Estrangeiros, mesmo que entre os mais ricos da cidade, mesmo que condes italianos, não tinham entrada. Só as boas famílias paulistas. A popularização dos carros era muito recente e os motoristas, principalmente quando jovens e filhos da mesma boa gente, andavam com tanta velocidade quanto possível e tocando a buzina sempre que dava. Havia múltiplos atropelamentos diários, quase sempre impunes.[12]

Era violência no contraste da riqueza extrema com a miséria. Como quem era rico só se vestia com tecidos importados, foram os próprios operários os primeiros clientes das fábricas. Os moinhos, além do trigo, começaram a produzir massas, que os italianos comiam e os brasileiros desconheciam. Durante pelo menos duas décadas, a cidade foi bilíngue e o italiano terminou por dissolver-se no português paulistano, com sua melodia única. A transformação da cidade colonial bandeirante em metrópole industrial foi um experimento sob alta pressão, de choques culturais e sociais repentinos e intensos, que terminaria por modificá-la completamente. Em nenhum outro lugar do Brasil poderia nascer um Movimento Modernista rico e diverso como o celebrado na São Paulo de 1922. E, estrategicamente, era a cidade ideal para iniciar o processo de derrubada do governo Arthur Bernardes.

Uma das primeiras providências dos conspiradores foi encontrar um líder. O marechal Hermes estava morto. Foi escolhido um general da reserva, Isidoro Dias Lopes, que chegara a São Paulo na véspera. O levante se daria em duas etapas simultâneas. Primeiro, revoltado o 4º Batalhão de Caçadores do Exército, ele marcharia contra os quartéis da Força Pública, na Luz, onde já havia policiais que faziam parte da conspiração. Num desdobramento, a Cavalaria da Força Pública assumiria o comando das estações ferroviárias, do telégrafo e das centrais telefônicas. Em paralelo, o 4º Regimento de Infantaria do Exército, com apoio do 2º Grupo de Artilharia Pesada, atacaria o Palácio do Governo e as secretarias. O controle fulminante de São Paulo. Um grupo desceria a Santos para assumir o porto e impedir acesso à capital. Outro, comandado por Joaquim Távora, seguiria para o norte do Estado, juntando-se em Queluz com tropas levantadas no interior e em Minas. Um pequeno exército marcharia contra o Rio de Janeiro.

Na véspera, o tenente Custódio de Oliveira deixou o 4º Regimento de Infantaria do Exército, em Quitaúna, atual Osasco, e saiu em marcha de 14 quilômetros até o Alto de Pinheiros. Acompanhavam-no, para exercícios, cem soldados, além de dois canhões. Secretamente, Custódio havia extraído munição do paiol e a armazenara em uma casa alugada na região. Recebeu notícia de que o general Isidoro não chegaria a São Paulo e que o levante seria adiado. Pôs-se em marcha de volta para o quartel e estava quase chegando quando lhe confirmaram que Isidoro já estava em São Paulo. Era madrugada quando o tenente Juarez Távora saiu para tentar encontrá-lo, perdido, no meio do caminho. No vaivém, um dos pesados carros de canhão passou por cima do pé de Custódio. Amanhecia quando Juarez entrou no 1º Batalhão da Força Pública e se encontrou com o major policial Miguel Costa. "Relatei o malogro de nossa missão", lembraria, "diante da ausência do tenente Custódio e da impossibilidade de ligação, sem o seu auxílio, com alguns dos sargentos da tropa, com ele comprometidos."[13] Mais ou menos naquele momento, Custódio estava sendo preso, dentro de uma farmácia, onde buscava cuidado para o pé. Os rebeldes poderiam contar com os cem homens que haviam retirado do quartel, mas não fariam o levante de todo regimento. Eram eles que tinham, inicialmente, a missão de conquistar o Palácio do Governo.

Às 5h30, o general Abílio de Noronha, comandante da 2ª Região, estava de carro, retornando do quartel de Santana, quando algo lhe chamou atenção.[14] Havia sido ele quem, de volta da festa no Consulado Americano, disparara o alerta para o governo. Na entrada do 4º Batalhão da Força Pública, o soldado de guarda vestia o uniforme cáqui do Exército, não o azul da polícia. Saltou, perguntou à sentinela o que fazia ali. "Não sei."[15] Seguia ordens do tenente Asdrúbal Gwyer de Azevedo. No interior, encontrou mais trinta praças do Exército, nenhum policial. Noronha deu ordem para que descarregassem imediatamente suas armas e retornassem em marcha para Santana. Encontrou alguns policiais presos, soltou-os. Em dez minutos, só na base de ordens firmes, retomara o comando.

Aí, o general seguiu para a escola preparatória da polícia.

O carro de Noronha foi cercado por uma escolta composta por homens da Força Pública e do Exército, todos armados com fuzis. Lideravam-na o tenente Gwyer e um homem de chapéu com aba larga e caída, vestindo um pesado sobretudo. "Não o conheço", disse o general, para então perguntar: "Quem é o senhor?"[16] Tanto o homem quanto Gwyer tinham pistolas à mão. "Pois eu conheço bem Vossa Excelência", respondeu. "Sou o capitão Joaquim Távora." Noronha o encarava. "Senhor general, esteja preso em nome da revolução vitoriosa."[17] Noronha não se entregou. "Pois se nos conhece, devia saber que não recebemos ordem de capitão", enfrentou. "Tanto mais que o capitão é um desertor do Exército." O general tinha vários fuzis apontados contra ele e estava perante um impasse quando, discretamente, um senhor em trajes civis se fez passar por entre os soldados. Era baixo, tinha o rosto bem barbeado e muito rosa, os cabelos inteiramente brancos.[18] "Senhor general Abílio", disse repetindo a ordem de Távora, "o senhor está preso."

O general Isidoro Dias Lopes acabara de chegar para assumir o comando da revolta.

"Vossa Excelência, senhor general, dá-nos ordem de prisão", reclamou Noronha, "mas aceite o nosso protesto." Joaquim Távora ainda o tinha em mira. "Esse capitão, que mantém o gesto de atirar-nos com o seu revólver em punho e apontando para o nosso peito, mate-nos se esse é o seu desejo." Isidoro intercedeu. "Ninguém quer matar você", falou, "Vossa Excelência ficará preso em sua residência", ofereceu, pensando no conforto. O comandante da região não transigia. "Senhor general, declaramos que não aceitamos." Um homem gordo, alto e velho, um tanto malvestido, com longos bigodes e cabelos compridos, se esgueirou para o lado de Isidoro. "Se Pedro II foi preso, por que não pode o senhor também o ser?"[19] Falava com uma voz grossa e arrastada. "Também não o conhecemos", disse Noronha. "Sou um dos chefes da revolução", ouviu. "Sou o coronel João Francisco."

João Francisco Pereira de Sousa, apelidado por Rui Barbosa de a *Hiena do Cati*. Caudilho gaúcho, veterano, assim como Isidoro, das muitas revoltas no Rio Grande do Sul pela virada do século.

"Mas quem então está chefiando esse movimento?", perguntou Noronha. "Sou eu", respondeu Isidoro. "E Vossa Excelência julga contar com elementos?", atacou o comandante da 2ª Região Militar, que insistia na resistência. "Vossa Excelência não sabe que as revoluções só são legítimas quando partem do povo apoiado pelas classes armadas e quando há um ideal sagrado?" O caudilho foi quem retrucou. "O povo quer a revolução e elementos temos, suficientes, porque é todo São Paulo, é todo o estado do Rio Grande, do Paraná, de Santa Catarina, é toda a capital federal a repudiarem esse governo nefasto." O velho não se conteve e completou com ironia e ceticismo. "Ademais, Vossa Excelência bem sabe como foi feita a República." Sério, Joaquim Távora intercedeu. "É em nome da pátria que estamos aqui." Noronha olhou novamente para Isidoro. "Pois convença-se, senhor general, de que está inteiramente enganado." Era um apelo. "Há de ver dentro em pouco a reação imediata e o repúdio da população." Távora ficava impaciente. "Vossa Excelência está fazendo propaganda e não temos tempo a perder." Os rebeldes sentiam ter já sua primeira vitória. "Senhor general", disse Noronha, "nós não saímos daqui escoltados por esses oficiais." Isidoro não titubeou. "Vossa Excelência irá comigo", respondeu. "Já dissemos que não saímos daqui com ordem de prisão." O comandante da revolução também perdia a paciência. "Bem, então vossa excelência ficará aqui mesmo no Corpo Escola."

Os rebeldes precisavam se reorganizar para fazer o ataque ao governo. O tenente Juarez, acompanhado do capitão policial Índio do Brasil, foi ao 4º Batalhão da Força Pública para trazer algumas das metralhadoras em seu arsenal. Como demoravam, foi atrás deles Joaquim Távora. O que não sabiam é que Noronha havia revertido o comando daquele quartel.

Ao chegar, foram os três imediatamente presos pelo tenente policial Antônio Pietscher.

17

São Paulo, julho de 1924

O CAPITÃO NEWTON Estillac Leal* esperava sem informações pelos soldados de Quitaúna que o tenente Custódio de Oliveira deveria trazer. Carioca, Leal tinha 30 anos, vinha de família militar. O pai era coronel. Havia sido formado pela turma de 1919 da Escola do Realengo, a mesma de Siqueira Campos e Eduardo Gomes. Era membro do Estado-Maior da 2ª Região, homem de confiança do general Abílio de Noronha. E, no entanto, estava ali. Aguardando o 4º Regimento de Infantaria, que não chegava. Às 7h30, acompanhado de cem policiais,[1] decidiu não esperar mais. Era preciso fazer o assalto ao Palácio dos Campos Elíseos, residência oficial do governador Carlos de Campos. Era preciso impor ritmo, apressar a tomada de posse da cidade. E lá estava ele. Um prédio imponente, inspirado num castelo renascentista francês, protegido por altos muros e pesado portão de ferro, na avenida Rio Branco, uma das mais elegantes da cidade. Leal ordenou que os soldados da Força Pública pusessem uma metralhadora em cada esquina mirando a frente do prédio. Na alameda Glete, na alameda Nothmann.

O movimento não passou despercebido.

---

* Ministro da Guerra (1951-52).

O major Marcílio Franco, chefe da Casa Militar do estado, havia sido alertado ainda de madrugada, ao telefone, pelo general Noronha. Depois, soube pelo secretário de Segurança Bento Bueno da captura dos quartéis da Luz. Assim, quando o alvoroço começou na entrada do palácio, já havia distribuído farta munição para todos os dezesseis homens da guarda. No jardim, deparou-se com seus subordinados, fuzis em punho, tensão máxima, apontando para o lado de fora. Um confronto armado se ensaiava. Marcílio não piscou. Sacou o revólver, abriu o portão e atravessou com passo decidido os 30 metros até a esquina da Glete.

"Senhor major", disse um tenente rebelde, "deixe a metralhadora."[2]

Franco não vacilou. Ergueu a Luger e pesou o dedo sobre o gatilho. Tanto o tenente quanto uns quarenta soldados, no susto, se afastaram. O major pegou a arma pesada e a trouxe correndo para o interior do palácio. A outra metralhadora, na esquina da Nothmann, começou a disparar em reação. A guarda do governador respondeu, os policiais de fora não se intimidaram. Funcionários civis corriam de um lado e do outro. Uma das balas atingiu o tornozelo do juiz Almírio de Campos, irmão do governador. Durante 15 minutos,[3] ainda cedo na manhã do dia 5, o pesado tiroteio atordoou uma das vizinhanças paulistanas mais nobres. O capitão Estillac Leal deu ordem para que os rebeldes recuassem.

Não era um contratempo qualquer. A resistência indicava que a tomada da cidade demoraria. E velocidade era essencial para o projeto rebelde.

Com o afastamento dos atacantes, Marcílio Franco se pôs a estender o perímetro de segurança ao redor do palácio. Espalhou homens armados pelas quadras ao redor. Eles retiraram os paralelepípedos do calçamento para empilhá-los, formando trincheiras. Cercaram a região com arame farpado. Longas molas de espinhos metálicos atravessavam ruas, dando voltas em postes e árvores, fazendo o bairro dos Campos Elíseos parecer cenário da Grande Guerra. Dentro do palácio, Marcílio tinha certeza de que haveria novo ataque.

O presidente Arthur Bernardes contava com Carlos de Campos, que fora um articulador de sua campanha ao Catete. Convidara-o para ser ministro da Justiça, Campos não quis. Sugeriu a presidência da Câmara. Não aceitou. Substituiu Washington Luís no governo do estado. Seu pai, Bernardino de Campos, havia sido um militante abolicionista importante. Também governara São Paulo. Carlos, um tipo atarracado de voz lenta e muito mansa, gravata-borboleta e bigode ligeiro, era um político menor, com pouca capacidade de perceber movimentos além dos fatos ao arredor. Apenas uns dias antes, preocupado com uma praga no café, confidenciara ao escritor Oswald de Andrade: "Vou mandar os soldados da Força Pública atacarem a broca", para aí arrematar, "eles não fazem nada."[4] Mordaz, o jornalista Antônio de Santos Figueiredo descreveu o governador como "um intelectual de algumas letras que subira, não pelo seu valor pessoal, mas por ser dócil, um títere nas mãos dos que o adulavam".[5] Agora, sob ataque em Campos Elíseos, Carlos de Campos estava pasmo, com muito desejo de demonstrar autoridade, mas sem bem ideia do que fazer.

Pouco após o tiroteio, um carro deixou o Palácio, levando para uma casa da avenida Paulista a primeira-dama e suas filhas. O fluxo de visitas teve início. O secretário do Interior foi logo dispensado. Campos disse que alguém precisaria assumir o governo caso ele ficasse incomunicável. Ou algo pior. O presidente Bernardes foi avisado por telefone e, do Rio, prometeu envio imediato de navios de guerra com soldados para o porto de Santos. Demorariam alguns dias. Dom Duarte Leopoldo, arcebispo metropolitano, apareceu. O clima da residência mudou, com telefones tocando sem parar, e o fluxo constante de oficiais militares, com esporas e espadas, suas fardas de veludo cáqui. De sua mesa, Campos atendia ora o presidente, ora o ministro da Guerra Setembrino de Carvalho. Carros chegavam e saíam. Bombeiros, e cem voluntários, se apresentaram para dar apoio à guarda.

Pouco passava das 9h. Um estrondo.

Os rebeldes haviam situado canhões no Campo de Marte e na Ponte Pequena.[6] Ambos mais ou menos a 4 quilômetros de distância do palácio. Um tiro foi bater no Liceu do Sagrado Coração de Jesus, a duas quadras. Feriu um menino. Outro pegou a casa no número 10 da alameda Nothmann, um pouco mais distante. Matou uma moradora de 44 anos, feriu outra. O terceiro disparo caiu noutra casa da mesma rua. Dilacerou o corpo de um menino de 7 anos.[7] Os rebeldes atiravam com mira ruim.

Cerca de três horas antes, o tenente policial João Cabanas* chegara para o batente no quartel do Regimento de Cavalaria da Força Pública, quando percebeu o movimento fora do comum. Não teve oportunidade de perguntar. O major Miguel Costa se pôs a sua frente, revólver à mão. "Você é brasileiro?" Cabanas tinha 29 anos, um paulistano filho de espanhóis emigrados. Muito magro, seu rosto comprido, alto. "Sou", respondeu ele no susto. "Então tem que aderir à revolução",[8] disse o major. Não apenas aderiu, apesar da surpresa, como imediatamente se ofereceu para um posto de comando. "Vá ocupar a Estação da Luz e não consinta, ali, nenhuma comunicação com o Rio de Janeiro," ordenou Costa.

Havia duas estações ferroviárias que os revoltosos consideravam chave. Uma era a Luz. Um prédio elegante e vasto, com torre. Os tijolos das paredes, assim como a estrutura metálica que sustenta o telhado, são expostos à semelhança de estações inglesas do século XIX. A São Paulo Railway, que a administrava, era britânica. Um funcionário da empresa, vinte anos antes, havia promovido o primeiro jogo de futebol registrado no Brasil. (O São Paulo Railway, de Charles Miller, venceu a Gas Company of São Paulo por 4 a 2.) A outra era a Estação do Norte,** terminal em São Paulo da Estrada de Ferro Central do Brasil, que ligava a capital estadual com o Rio. Controlando ambas, cerrava-se o principal acesso da cidade com o interior e o distrito federal. O governo teria dificuldades de enviar reforços.

---

* Deputado federal (1953-54).
** Atual Estação do Brás.

Cabanas deixou o quartel acompanhado de quinze soldados. Não sabia quem estava no comando da revolução, tampouco exatamente o objetivo. Mas tinha sede de ação e obedeceu a Miguel Costa com rigor. Ainda antes das 7h, a estação estava controlada. As linhas de comunicação foram cortadas e um soldado posto de sentinela perante o cofre da empresa. Duas metralhadoras, assentadas no prédio. À tarde, chegou o único trem do dia, vindo de Campinas. Estava lá o deputado Antônio Lobo e seu filho, Pelágio. Presidente da Câmara. Foram imediatamente presos.

Às 13h, soldados governistas tentaram retomar a estação da Luz, mas não tiveram chance. Às 16h, os canhões rebeldes lançaram mais bombas contra a região da praça da Sé, onde se distribuíam os prédios das secretarias. Mas, conforme se aproximava a noite do dia 5, tornava-se óbvio que a falta dos soldados do 4º Regimento de Infantaria, que não vieram de Quitaúna pela manhã, fora fatal. Sem a massa de homens, o ataque ao Palácio de Campos Elíseos fora rapidamente sufocado. Não bastasse, o capitão Joaquim Távora, principal estrategista, estava desastradamente preso. Ainda assim, os rebeldes tinham o governador sitiado. Havia um impasse. Às 23h, a Santa Casa informava que 21 pessoas terminaram o dia feridas. Cinco, mortas.[9]

Eram 23h30 quando o advogado baiano Eurico de Góes, 46 anos, passou pelo largo do Arouche a caminho do Palácio.[10] Era amigo do governador. Percebeu que, conforme se aproximava da residência oficial, as ruas iam ficando mais e mais escuras. As luzes, cortadas. Hesitou. Então, ouviu tiros. Tiros que pareciam vir de toda parte, e ele, na escuridão. Revólveres, fuzis, metralhadoras. Uma noite fria, muito fria, como a anterior. Com medo, percebeu aberto o Hotel Esplanada e nele entrou. Os hóspedes, em sua maioria estrangeiros, se reuniam no terraço do último andar. Cobertos de casacos, debatiam, tentavam entender. O cônsul chileno resmungava sobre o "fermento de indisciplina" brasileiro. Assistiam, todos, ao espetáculo de brilhos e sons. As criadas, de uniforme negro, avental branco e toucas, corriam de um lado para outro. Muitos quartos não estavam seguros, por alguns volta e meia entravam balas. Já era madrugada quando somaram-se ao barulho geral as balas de canhão. Não raro, ouviam de perto o silvo, como se passasse por cima de suas cabeças. Que talvez passasse por cima de suas cabeças.

Eram dois ataques pesados, simultâneos, contra o 4º Batalhão da Força Pública e contra Campos Elíseos. Nos jardins do palácio, o major Marcílio Franco corria de um lado para outro, arma em punho. Gritava com os soldados, mantinha-os atentos. Havia recebido mais reforços, cem soldados do Exército, quase todos da banda marcial.[11] Seus homens espalhavam-se pelas ruas vizinhas protegidos por muretas improvisadas com os paralelepípedos empilhados. Em menos de 24 horas, a luxuosa região já se tornara uma praça de guerra. Os rebeldes subiam em árvores, se escondiam atrás de muros e postes, para sustentar a ofensiva.

São Paulo amanheceu em meio ao silêncio da bruma naquele 6 de julho. As trincheiras em Campos Elíseos foram reforçadas com sacos de areia e pranchas de madeira, que protegiam as metralhadoras. Mas, naquela manhã, os rebeldes abriram pouco fogo contra o palácio e se concentraram no 4º Batalhão de Polícia. Eduardo Gomes assumiu um dos postos de artilharia. Com Gomes, boa mira. A caixa d'água do quartel foi ao chão. Não teriam água. Então, o prédio de comando que se incendiou. Um terceiro obus pegou o telhado do edifício principal. No bombardeio, os rebeldes presos desceram as escadarias em busca de segurança quando foram interceptados pelo tenente Pietscher, pistola em punho. O capitão policial Índio do Brasil se descontrolou. Pânico. Pietscher os encaminhou de volta a uma sala do último andar, justamente onde estariam mais expostos. Índio pediu autorização para escrever a seus companheiros. "Miguel, mande parar esse bombardeio, senão morreremos aqui miseravelmente."

Não longe, no 1º Batalhão da Força Pública, que servia de QG Revolucionário, curiosos começavam lentamente a aparecer. Eram moças e senhoras, crianças. Traziam biscoitos em bandejas, café. Havia certa animação aos portões. Lá dentro não era assim. Isidoro Dias Lopes ocupava uma sala no andar térreo, onde vez por outra recebia notícias de quem chegava. Quando Lourenço Moreira Lima, um advogado pernambucano e agitador político de 43 anos, entrou na sala para se oferecer de voluntário, foi recebido com gentileza e desânimo. "A revolução falhou", disse Isidoro.[12] O general pretendia deixar a cidade com as tropas até a noite e recomendou que Lourenço buscasse proteção bem longe.

Ao receber o bilhete do capitão Índio, Isidoro não deu pista de que estes eram seus planos. Enviou o filho do presidente da Câmara, o jovem Pelágio Lobo, com uma bandeira branca e a sugestão de que os policiais legalistas se rendessem. Após cumprir a tarefa, Pelágio estava livre para ir embora. Seu pai seria solto mais tarde. "Isso é uma vergonha",[13] exclamou Pietscher. "É a desonra da Força Pública. Se aqueles bandidos bombardearem esse quartel, nós morreremos." E, para deixar claro que não se renderia, afirmou: "Também morrerão os traidores aqui."

Os bombardeios foram retomados, mas não abriam chance de avanço. Não parecia haver mais o que fazer.

18

São Paulo, julho de 1924

"Seu Moreira", disse surpreso um dos homens no QG Revolucionário. "Que faz você ainda aqui?" Manhã, 8 de julho. "Vá-se embora. Todo mundo já tomou destino e eu também vou saindo."[1] Lourenço Moreira Lima vinha circulando fazia já dois dias no quartel. Tomava notas, ouvia descrições. Tentara se formar militar antes de estudar Direito, mas a vida da escola preparatória de oficiais não era para ele. Torcia pela revolução. Mas, desde sua chegada, o próprio Isidoro já lhe recomendara a saída. Desapontado, sem muitas esperanças, foi-se pela rua sem saber para onde.

Talvez tenha se lembrado da batalha da véspera. Pela primeira vez, o QG fora bombardeado. Os soldados entraram em pânico, tentando fugir pelos fundos. O coronel João Francisco pôs-se perante eles. "Meus filhos", gritou, "eu sou um velho." As bombas caíam e o velho caudilho se despia da camisa, mostrando o corpo marcado por cicatrizes, contando suas histórias num discurso de êxtase. Como se o risco o energizasse. Tirou o chapéu. "Vejam vocês, que são moços, esses cabelos brancos que nunca se eriçam de medo." Os rapazes, imóveis. "Viva a revolução!", gritou o coronel. E os soldados gritaram juntos. Mantiveram-se a postos.

Três dias desde que começara, a revolta já estava salpicada de momentos assim, e seguia num impasse contínuo. Não havia mais o que fazer.

No centro da cidade, o capitão Estillac Leal estava alojado, de vigília, perante a janela do quarto e último andar do luxuoso Hotel Terminus, na rua Brigadeiro Tobias, com vista para os prédios do governo. Pouco antes das 14h, percebeu que aumentava a concentração de militares na Secretaria de Segurança, incluindo oficiais de alta patente. Incluindo, teve a impressão, até generais. Imaginou o pior. Aqueles homens planejavam um ataque ao QG Revolucionário. Talvez um ataque definitivo. Imediatamente alertou seus companheiros.

Um pesado canhão Krupp de 105 mm foi levado para a rua João Teodoro, a pouco mais de um quilômetro dali. Eduardo Gomes pôs-se perante a peça, tinha boa visibilidade. Fez seus cálculos, apontou.[2] O obus disparado assoviou lento e caiu menos de dez segundos após, perdendo o Palácio do Governo por poucos metros e se chocando contra a Secretaria de Segurança. Eram 15h30.[3] A explosão estilhaçou vidros e rompeu paredes, incluindo a do gabinete do secretário Bento Bueno. Uma nuvem de pó se ergueu imediatamente.

Os altos oficiais presentes não planejavam um ataque, como havia intuído o capitão Estillac Leal. Faziam a segurança do governador Carlos de Campos. Que estava naquela sala. "Pela primeira vez na história militar", observou um cáustico modernista, "em vez da bala procurar o alvo, foi o alvo que procurou a bala."[4]

"Percebendo a insegurança do esconderijo", lembrou o jornalista Paulo Duarte, "ia deixá-lo quando vi, rápidos, escorregarem as escadas do primeiro andar dois assoleados vultos, nos quais identifiquei o doutor Carlos de Campos e seu pálido secretário."[5] Estavam em pânico, desnorteados, e cobertos de poeira. Um segundo sibilo anunciou novo obus de 105 mm, que estraçalhou contra o pátio de estacionamento. "Saímos quase de roldão, pelos fundos da secretaria, ao estalar das granadas e metralhadoras",[6] registrou Bueno em seu diário. Governador e secretário deixaram o prédio pelos fundos, na rua 25 de Março, onde foram apanhados por dois carros. "Suas excelências", observou Duarte, "talvez se julgassem já defuntos."

Embora por muito pouco não tivessem conseguido matar Campos, os rebeldes ainda não o sabiam. O governador, porém, estava convicto de que espiões avisavam o inimigo de cada passo seu. Os dois automóveis desceram ligeiros a 25 de Março na direção da Mooca, para pegar a estrada de Santos.[7] No carro da frente seguiam militares, e, no de trás, acompanhavam o governador os generais Estanislau Pamplona e Carlos Arlindo, além do secretário Bueno e do major Marcílio Franco. Desceram 20 quilômetros até São Bernardo, na metade do caminho para o litoral. De lá, embarcaram num trem de volta para o planalto, com destino a Vila Matilde, onde tinham esperanças de encontrar o general Eduardo Sócrates, designado pelo presidente da República para enfrentar a rebelião paulistana. Já era início da noite quando chegaram.

A fuga desordenada acabara de deixar a capital paulista acéfala. A notícia chegou ao coronel policial Joviniano Brandão, no Palácio dos Campos Elíseos, apenas às 20h. Estava sitiado, cercado por trincheiras e arame farpado, com um prédio vazio de autoridades por defender. Bem antes da meia-noite, a residência oficial do governo foi abandonada.

No QG Revolucionário da Luz, o estado ainda era de desânimo. O general Isidoro passara a tarde discutindo com o major Miguel Costa. Defendia a retirada com as tropas da cidade. Costa queria lutar, mas compreendia a dificuldade. "Na confusão estabelecida pelos ataques e contra-ataques nos bairros dos Campos Elíseos, Brás e Luz", escreveu o major, "não se pôde organizar com regularidade a tropa."[8] Isidoro deixou o quartel para cuidar de suas malas, deixando o major em busca de uma saída.

O major Miguel Costa era um homem de todo atípico.[9] Filho de espanhóis, nascera na Argentina e viera menino para o interior paulista. Não era católico, mas espírita. Raro. Em 1924, já havia se casado e se separado duas vezes. Era um pai doce, que à noite encenava teatro de sombras para os filhos pequenos. Tinha o rosto quadrado, largo, pontuado por olhos miúdos de cor cinza. Com 1,80 m, exímio cavaleiro, campeão sul-americano de hipismo e brasileiro de tiro. Sempre muito formal. Vestia ou uniforme, ou terno e gravata. Mesmo anos depois, quando as agruras do combate no sertão haviam feito seus companheiros descuidarem do uniforme e adotarem a praticidade das barbas espessas, Miguel Costa ainda encararia diariamente sua navalha.[10] Bebia vinho, pouco, e fumava muito. Foi naturalizado brasileiro para ser elevado a major da Força Pública. Pessoalmente responsável por levantar mais de metade dos homens com os quais contavam os rebeldes. Maçom. Mesmo criado pobre, a elegância de cavaleiro lhe abriu os salões mais ricos de São Paulo. E, ainda assim, num estado em que a tradição na lida com o movimento operário era brutal, Costa intercedeu entre patrões e anarquistas na greve geral de 1917. Começou com uma pedrada na testa, lançada por um militante, que o atordoou. Impediu de presto que os soldados avançassem em sua defesa e chamou o homem. "O que eu fiz para receber essa pedrada?", perguntou. "Você veio aqui para nos bater", respondeu o anarquista. "Por que você não desce do cavalo e vem verificar o que de real acontece entre nós?" Miguel Costa desceu. Entrou nas casas dos bairros operários e viu a miséria. O então capitão ajudou na negociação para o fim da greve e na promessa de aumentos. Aumentos que foram prometidos pelos patrões, mas nunca entregues.

Na madrugada de 9 de julho de 1924, aos 50 anos, Costa estava solitário como nunca antes em sua vida. Queria continuar, mas parecia não ter escolha. Sentou-se, então, para redigir os termos de rendição.

a) Anistia para os soldados e oficiais da Força Pública que o tinham acompanhado; b) Reconhecimento das promoções feitas durante a revolta; c) Sua demissão da Força.

O major, na carta que escreveu para o governador, assumia responsabilidade pelos acontecimentos. Acaso sua proposta não fosse aceita, "não se repetiria o fato de Copacabana, mas muito sangue ainda correria em São

Paulo antes de ser esmagado".[11] Entregou a carta a um soldado e mandou que a levasse ao Palácio dos Campos Elíseos.

Às 4h, alta madrugada, o tenente João Cabanas encontrou o major prostrado em sua cama.[12] O rapaz estava entusiasmado, enquanto Costa tinha o rosto exaurido. Cabanas falava do silêncio que envolvia os lados controlados pelo governo da cidade. "O Largo de São Bento e os Campos Elíseos fraquejaram", dizia ele. "O caso não é para desanimar." Costa o olhou firme. "Eu não desanimei e nem desanimo, tanto que estou aqui, sozinho, no meu posto." Era um entre os últimos oficiais presentes. "Sou militar", argumentou o major, "e vejo que a situação é de apreensões." Aí, chegou ao QG a notícia enviada pelo capitão Newton Estillac Leal. Carlos de Campos deixara a capital.

Ainda não havia amanhecido quando João Cabanas saiu do QG com alguns soldados numa missão de reconhecimento. Deveria descobrir se o Palácio dos Campos Elíseos estava realmente deserto. A um ponto, deparou-se com uma patrulha governista. Seus homens acenaram com lenço branco para evitar enfrentamento, mas deram tiros para o alto como quem alerta estarem preparados.[13] Os rivais depuseram armas.

Os arredores do palácio pareciam ruínas, com as ruas vizinhas destruídas e desertas. Pelo chão do prédio e por cima dos móveis, Cabanas encontrou joias e objetos de valor.[14] A pasta do governador, com os documentos nos quais trabalhava, ainda estava sobre sua mesa, exposta. Pelos corredores, cartuchos deflagrados e carabinas, coisas quebradas. O tenente policial recolheu o que havia de valor e a pasta, trancou-os num armário. E então, um por um, foi passando chave nos quartos.

No início da manhã, chegou o repórter Paulo Duarte, acompanhado do fotógrafo do jornal *O Estado de S. Paulo*. Cabanas, escreveu Duarte, "era um tipo nervoso, magríssimo, alto". Um homem só sorrisos. "Vinha desfigurado com uma farda cáqui completamente suja e rasgada." Fez um gesto para que entrassem. "Os senhores poderão dizer lá nos jornais que o palácio não foi danificado", disse o tenente, que os acompanhou ao interior mostrando tudo o que pediam. Desfeita a tensão inicial do encontro, o jornalista reparou melhor no oficial. Ele trazia pendurado um binóculo desproporcional para sua magreza, além de dragonas e até alamares, as abotoaduras cerimoniais de fardas da guarda do governador. Duarte e o fotógrafo riram da confusão naquele uniforme surrado. "Os senhores estão rindo disso?", perguntou-lhes o tenente sem segurar, também, a própria gargalhada um tanto sem graça. "Foram os soldados", explicou. "Quando tomamos o palácio, eles me fizeram uma grande manifestação e me condecoraram."[15]

No QG, quando chegou a hora do hasteamento da bandeira, estavam todos emocionados. Miguel Costa e Isidoro Dias Lopes já haviam feito as pazes. "Apresentar armas!", gritou o major, a corneta soando sua marcha. Quando atingiu altura suficiente, o pavilhão se desfraldou com força ao vento, produzindo o som de estalo. Havia curiosos nas proximidades. Havia, enfim, felicidade e esperança. Os soldados apontaram suas carabinas para o alto e dispararam uma salva que arrancou folhas das árvores plantadas na avenida Tiradentes.

"O óriverde já está no tópe",[16] disse um soldado que assistia a tudo sentado num batente.

19

São Paulo, julho de 1924

AINDA ERA MANHÃ no dia 9 quando João Cabanas ouviu a notícia de que havia saqueadores na região. Fazia pouco tempo desde sua entrevista no palácio. Chefiando sessenta homens divididos em grupos, saiu em patrulha pelos Campos Elíseos até encontrá-los. "Para que o castigo servisse de exemplo", escreveu como um detalhe numa frase e pouco mais, "dei ordem para que fossem imediatamente fuzilados."[1] Os soldados não hesitaram em abater os assaltantes. O tenente buscava restaurar ordem ao caos. Mandava fechar as casas abandonadas. Guardava os objetos de valor em armários, repetindo o exemplo do que fizera no Palácio. O tenente dava exemplos. Mas algo lentamente mudava em São Paulo. Sua busca por ordem seria difícil. As ruas desertas começavam novamente a encher, conforme curiosos as tomavam em busca de notícias e alimento. Primeiro foi aos poucos, grupos salpicados num canto e noutro. Então as aglomerações cresceram. Perante o armazém fechado do Grupo Matarazzo, um italiano anônimo se ergueu num discurso espontâneo dito em português confuso. Reclamava da extorsão imposta aos operários durante a Guerra. Tinha ódio. No período, o conde lhes tomava parte do salário como doação à Itália. Então outro homem ergueu-se. "Os senhores Matarazzo eram usurários", falou.

"Exploradores do povo, envenenadores da população, vendedores de açúcar com caulim." Misturado com argila. Havia emoção contida, revolta, entre quem falava, entre quem ouvia. "Azeite com matérias nocivas, farinha de trigo com substâncias estranhas", continuou o sujeito, "cruéis e indiferentes aos sofrimentos de seus operários, especuladores sem consciência, sugadores do povo." O desaparecimento do governo fizera explodir uma ânsia malcontida nas entranhas pouco vistas da cidade. Ânsia somada ao desespero. Quatro dias, já, de fábricas fechadas. Quatro dias sem salários ou lojas.

De longe, perante o armazém do conde no largo do Arouche, o empresário José Carlos de Macedo Soares* assistiu com horror a um estalido. A multidão rompeu as lâminas metálicas do portão de enrolar num repente, em fúria, sem método. "Comprimia-se, afoita, na conquista de despojos", lembrou ele, "quer fossem gêneros alimentícios, quer objetos inúteis, quer servissem para matar a fome, quer representassem apenas o triste troféu de uma pilhagem." As balanças foram quebradas, os vidros espatifados, armários, vitrines, balcões. "Explodia na vasa popular o instinto de depredação."[2] Não sobraram sequer as prateleiras, também elas carregadas.

Aos 41 anos, Soares não era trivial de definir politicamente. Havia sido um dos financiadores da Semana de Arte Moderna um par de anos antes e presidia a Associação Comercial, grupo que reunia todos os homens ricos de São Paulo. Vinha de família tão tradicional que sua mulher, dona Matilde Melchert da Fonseca, fora homenageada com o batismo de um dos novos bairros operários. Mas, entre oligarcas, era um raro liberal convicto que acreditava sincero em democracia. Apoiara Rui Barbosa em suas disputas e, na ausência, Nilo Peçanha contra Arthur Bernardes. Na capital da República, financiava *O Imparcial*, jornal editado por seu irmão José Eduardo. "Só poderemos conseguir verdade eleitoral", escreveu

---

* Ministro das Relações Exteriores (1924-37 e 1955) e da Justiça (1937).

anos depois, "num regime em que se adote o voto secreto, com todas as cautelas de um alistamento honesto, de uma apuração rigorosa, e de um reconhecimento sem fraudes." Ainda assim, quando explodiu a revolta, imediatamente fez publicar nos jornais um comunicado de pleno apoio ao governo Carlos de Campos. "As classes conservadoras", escreveu, "que só dentro da ordem podem manter-se e prosperar, veem com suma inquietação os acontecimentos." Macedo Soares, formado advogado pelo Largo de São Francisco, era antes de tudo um legalista. Foi sua a única manifestação pública em prol do governo quando ainda não estava claro o que ocorria. Podia não ser o seu governo, eleito de forma espúria, mas era o governo. Intimamente, culpava a intransigência do mesmo governo, tanto no âmbito local quanto nacional, pela crise. "O senhor doutor Arthur Bernardes", argumentaria, "manteve o sítio, condenou a anistia, traçou um programa de intransigência e de destruição de seus adversários." Não viria sem consequências. "Essa política havia de dar, mais cedo, mais tarde, frutos envenenados", dizia com amargura. "Dos erros da política federal tivemos nós paulistas que beber até o travo." A revolta a que assistia estava só começando. E perante a destruição do armazém Matarazzo, ele, que ainda teria assento à Academia Brasileira de Letras, trazia em mente uma só preocupação. Rússia, 1917.

Ansiando por notícias, Macedo seguiu para a Funerária Rodovalho. Queria saber de mortos para ter uma noção de gravidade da onda que corria. Eram 10h quando, lá, encontrou-se com o chefe de gabinete do prefeito Firmiano Pinto, que perguntava dos mesmos números. Pressionou o homem para "organizar um serviço de policiamento". Havia risco de o processo tornar-se incontrolável. "O começo da generalizada pilhagem tão característica da irrupção bolchevista na Rússia."

Em pouco mais de uma hora, já estava perante o prefeito. "Ao governante cumpre, constitucionalmente, garantir o policiamento público", disse a Firmiano Pinto. "Devo entender-me com os chefes revoltosos?", retrucou o prefeito. A pergunta fez levantar uma polêmica ligeira entre os secretários, mas não parecia haver escolha. Macedo ofereceu imediatamente carona em seu pequeno carro. Não andaram muito antes de terem o caminho interrompido por uma blitz. O sargento só autorizou passagem se um soldado os acompanhasse. Com uma flor na boca da carabina, o rapazinho tomou assento para seguir até o Quartel da Luz. "Afinal", sussurrou aquele jovem policial ao prefeito, "quem ganhou fomos nós?"

Não encontraram Isidoro Dias Lopes. Encontraram, isto sim, o repórter Paulo Duarte, que vinha do Palácio de Campos Elíseos acompanhado do diretor do *Estado de S. Paulo*, Júlio de Mesquita Filho. "Não reconhecemos este governo de fato, implantado pela violência", disse Macedo aos jornalistas. Duarte o achou pálido. Talvez tivesse medo. "Mas não podemos assistir inermes à desordem em que se acha entregue a cidade."[3] O empresário deixou um bilhete. "Aqui estiveram o doutor Firmiano Pinto, prefeito municipal de São Paulo, e José Carlos de Macedo Soares, presidente da Associação Comercial, que atendendo à situação de fato, vieram ter um entendimento com o comando das forças revolucionárias para que a administração da cidade, no que se refere notadamente ao abastecimento da população e à polícia da cidade, seja entregue à devida ordem." A pedido do prefeito, Macedo deixou para Isidoro seu endereço particular. "Para qualquer explicação, dirijam-se à rua Major Quedinho nº 1, esquina da rua da Consolação." O empresário havia sido tomado por um ímpeto, era todo ação.

O general Isidoro, àquela hora, estava concentrado em dois problemas de maior urgência. O primeiro, negociar a rendição, enfim, do 4º Batalhão de Polícia. E, segundo, a redação de um manifesto que desse alguma explicação ao público.

Houve um momento, durante aqueles dias, em que o tenente policial legalista Antônio Pietscher recebeu de um coronel a ordem de executar o também tenente Índio do Brasil. Embora em lados distintos, era seu companheiro de batalhão. "Aqui não se fuzila ninguém", respondeu com firmeza. "Essa ordem é ilegal e ordem ilegal não se cumpre."[4] Quando seu capitão, Pedro Morais Pinto, sugeriu que depusessem armas, Pietscher concordou. Sem governo, a lógica da resistência se perdera. Juarez Távora foi então liberto para levar o pedido de armistício. Os oficiais e soldados punham-se à disposição como prisioneiros, mas não seguiriam o comando de Miguel Costa. Foi uma negociação tensa. Às 18h do dia 9 de julho, o 4º Batalhão se entregou.[5]

A noite já caíra quando o senhor baixo, de cabelos muito brancos e roupas civis, bateu à Major Quedinho, nº 1. Quando lhe atenderam, o senhor perguntou se era ali que vivia José Carlos de Macedo Soares. Ouviu que sim. "Abra a porta e vá preveni-lo de que aqui está o general Isidoro, comandante em chefe das forças revolucionárias", disse. "É um homem corado", achou Macedo, "exprimindo-se com grande facilidade, muitas vezes irônico, quase sempre modesto."[6] Tiveram uma conversa rápida e saíram juntos para encontrar o prefeito. Perante Firmiano, o general foi sucinto. "Venho solicitar a Vossa Excelência a honra de sua colaboração no exercício do cargo."[7] No dia seguinte, o prefeito assinou decreto instituindo a Guarda Municipal para assumir o policiamento regular. Mas seria preciso, também, repor estoques. Macedo sugeriu uma lei que congelasse os preços. Medidas para evitar saques.

"O Exército quer a pátria como a deixou o Império",[8] publicaram no dia 10 os jornais paulistas. Em manifesto, Isidoro assumia São Paulo. "Com os mesmos princípios de integridade moral, consciência patriótica, probidade administrativa e alto descortino político. O Brasil está reduzido a verdadeiras satrapias, desconhecendo-se completamente o merecimento dos homens e estabelecendo-se como condição primordial, para o acesso às posições de evidência, o servilismo contumaz." Havia nepotismo e o poder era negado a quem viesse de fora das elites. "O povo ficou reduzido a uma verdadeira situação de impotência, asfixiado em sua vontade pela ação compressora dos que detêm as posições políticas e administrativas." Incomodava os tenentes em particular o uso do Exército para controlar levantes populares. "Dispondo de material bélico moderno, contra o qual os cidadãos inermes nada podem fazer, os dominadores têm-lhe coarctado a manifestação da vontade, pelas urnas, órgão legítimo pelo qual a soberania popular se exerce nas democracias." Para eles, as Forças Armadas deviam ao país, mais do que aos três poderes institucionais, sua lealdade. "Quando se proclamou a República, o Exército Nacional jurou fidelidade à Constituição e, por consequência, assumiu perante o povo, implicitamente, sob a sua honra de cidadãos e de militares, o compromisso de fazê-la cumprir. Só essa circunstância bastava para justificar o gesto deste momento da classe militar."

No cotidiano da cidade, prefeito e homens de bens contariam com a palavra do alto-comando revolucionário. Mas não com as ações de quem tinha autoridade real nas ruas. "Ouvíramos dizer que o tenente Cabanas, da Força Pública, estava dando cobertura ao povo que saqueava os armazéns", escreveu em suas memórias o jornalista Tito Batini. "Desde jovens e até anciões, homens e mulheres se aglomeravam em extensa área, gemendo ao peso do quanto haviam podido recolher — feijão, arroz, carne-seca, cebola, alho."[9] Era verdade. "Nenhum oficial tentou dispersar a multidão e nem ao menos evitar os saques aos estabelecimentos dos senhores Matarazzo e Gamba",[10] afirmou Cabanas. "Eles faziam da República uma fazenda e da nação um país infeliz", pensou. Lembrando aqueles dias de fome e sem salário, Batini descreveu seu primeiro saque. "Não tínhamos recipientes para encher. Diabo! Falta de prática. Nunca antes havíamos participado dum saque. Nosso companheiro teve a ideia: arrancamos nossos paletós, que transformamos em sacolas, dando nós às mangas; e um pouco caberia em nossos chapéus e nos bolsos das calças."

Naquela noite de 9, um policial bêbado do 3º Batalhão da Força Pública se aproximou da casa em Heliópolis de Boaventura Fernandes, uma senhora portuguesa analfabeta, empregada doméstica. Da janela do casebre, pediu-lhe um café, que dona Boaventura serviu. O homem fazia parte das tropas legalistas. Minutos depois, retornou. Pedia novo café. A senhora explicou que não tinha, mas que passaria outro. O soldado então pediu água. Bebeu. "Estou com vontade de matar alguém", disse na sequência. Da janela, sacou a pistola e pôs ao chão o marido, um pedreiro, Domingos.[11] Num clique. Num segundo. Num estalar. Domingos Fernandes foi enterrado em São Caetano.

As tropas do governo estavam à beira da capital.

20

São Paulo, julho de 1924

Inaugurada em 1917, a Vila Maria Zélia era separada das ruas por um muro alto. A propriedade ia da avenida Celso Garcia até as margens de um rio Tietê cristalino, onde no verão as crianças mergulhavam durante o dia. Desenhada pelo arquiteto francês Paul Pedraurrieux, era talvez um sonho operário financiado pelo carioca Jorge Street, um homem de espessa barba negra conhecido pelos pares como "poeta da indústria".[1] Da entrada, pegava-se um jardim, com coreto e igreja. Havia duas escolas, uma para meninos e a outra para meninas, creche, jardim de infância, consultório médico, farmácia, quadra poliesportiva, salão de baile e mercado. Nela, distribuídas por seis ruas largas cortadas por quatro transversais, ficavam 138 prédios e casas organizados em seis tamanhos distintos. Uma vila operária como nenhuma outra para os trabalhadores da filial Belenzinho da fábrica de tecidos de algodão de Street, munida de 2 mil teares alimentados por 3 mil motores, entre as maiores consumidoras de energia elétrica da capital paulista. Barulho era proibido após as 21h, namoro público jamais, não importava a hora. Um fiscal vigiava constantemente para que ninguém armasse cama na sala. Street tinha um rigor e uma estética, um padrão ideal de vida que impunha aos funcionários-moradores. As restrições talvez nem lhes fossem mau negócio, dada a qualidade da moradia operária ali do bairro ou nos vizinhos. O nome, Maria Zélia, o empresário tomara-o emprestado de sua filha, bela e loura, morta por tuberculose aos 15 anos, enquanto o conjunto ia sendo construído. A inauguração foi um evento tão marcante que levou dom Duarte Leopoldo e Silva, arcebispo metropolitano da cidade, a benzê-la.

A primeira granada de 105 mm lançada contra a fábrica Maria Zélia veio por volta das 21h do dia 12 de julho.[2] Atingiu a chaminé. A segunda fez explodir a parede da sala onde se encontravam o tenente João Cabanas e mais dez soldados, que vigiavam ali do alto o avanço legalista. Mais uma atordoou telhado e teto, fazendo desmoronar telhas e troços de madeira, levantando a poeira que os sufocou por instantes suficientes para deixá-los desnorteados. O fogo iniciou, mas logo apagou. Estavam machucados, Cabanas e os seus, nada grave. "Havendo nessa torre grande quantidade de sacos de farinha", escreveu o tenente, "aproveitei uma trégua para fazer abrigos em forma de tocas." Não durou muito a calmaria, e novos tiros de 105 mm se abateram contra a torre, que ameaçou cair. Aí, o sibilo, a lenta queda, o deslocamento de ar e o violento impacto contra uma montanha de sacos. Cabanas olhou para seus homens, eles para seu comandante. Respiraram. A explosão, ao seu lado, não acontecia. Guardaram silêncio. Não vinha. Os soldados ergueram-se num repente para descer as escadas desconjuntados e ao mesmo tempo, tudo muito rápido. "Enchi-me de calma e da certeza de que a granada não explodiria mais", lembrou Cabanas. Sacou a pistola. Fez os homens se manterem em posição.

O que o tenente só descobriria na manhã seguinte é que fora alvo de um raro caso de fogo amigo. São Paulo estava sob bombardeio legalista pesado fazia dois dias. Bem menos equipados, os rebeldes se aproximavam das bordas da cidade para resistir.

Durante aquela tarde, um canhão de tecnologia francesa 10 quilômetros distante lançara bombas contra a praça da República sem acertá-la uma única vez. Uma chocou-se contra o viaduto Santa Efigênia, outra contra o largo de São Bento, a terceira caiu no Paissandu. "Atirou-se a esmo, sem objetivo rigorosamente determinado, sem que soubesse os pontos exatos da resistência dos revoltosos",[3] criticou o general preso Abílio de Noronha. "Uma bateria em posição com alça de 9,5 mil metros a abrir fogo sobre uma das mais belas praças de São Paulo, fogo este que absolutamente não poderia ser controlado por um posto de observação e, por conseguinte, não poderia ser corrigido." O governo decidira usar a artilharia para destruição indiscriminada. "O objetivo da artilharia", protestava o comandante da 2ª Região Militar, "é destruir o adversário com tiros precisos, lentos, com observações rigorosas dos impactos e com um emprego de munição necessária para destruir, com toda segurança, o objetivo." Antônio Bueno Salgado, cabo rebelde, nunca esqueceria aquelas semanas. "Atiravam sem saber, pois nunca fomos desalojados pela artilharia inimiga, só atingiam casas, matando gente estranha ao movimento."[4]

Na tarde do dia 12, uma granada explodiu na casa da viúva alemã Anna Schmidt Werner, de 49 anos, que vivia na Luz. Causou a morte de sua filha Dinorah. Jesus Munhares, espanhol, morreu atingido por estilhaços de uma bomba que caiu próximo de onde morava, no Brás. Outra viúva, Olympia Gonçalves Pereira, perdeu as duas casas de aluguel que tinha na Aclimação, arrasadas pela artilharia. "As granadas caíam a esmo, ora aqui, ora acolá, como se o objetivo só da artilharia governista fosse atirar sobre a cidade, em geral, sem ponto certo",[5] escreveu Paulo Duarte. Os primeiros bairros alvos da artilharia pesada foram o Brás, o Belenzinho e a Mooca. Nos dias seguintes, juntaram-se a eles Vila Mariana, Liberdade e Aclimação. Houve noites em que os canhões chegaram a disparar a um ritmo de 130 granadas por hora.[6] Do terceiro andar de sua pensão, na rua da Liberdade, Lourenço Moreira Lima observou São Paulo brilhar. "Colunas imensas de fogo alteavam-se em vários pontos", viu no horizonte só de penumbra e chamas, já não mais iluminado por energia elétrica. "Eram grandes depósitos que ardiam, enquanto o crepitar das metralhadoras e o troar majestoso da artilharia enchiam o espaço."[7]

Na capital brasileira dos imigrantes, os cônsules de Itália, Portugal e França procuraram o general Isidoro, pedindo que suspendesse o uso de canhões. "Sob sua palavra de honra e de soldado", disse o general, prometia suspender a artilharia desde que o governo fizesse o mesmo. Os diplomatas tomaram apressados o caminho de Guaiaúna, na Penha, onde o comando do governo legal se alojara. O general Eduardo Sócrates pôs no papel uma proposta. "Como preliminar, o comando geral das forças legais pede a delimitação dos pontos da cidade livres da presença de forças rebeldes, isolando, assim, a população de São Paulo dos efeitos da ação militar."[8] Não era honesta. Pedia que os rebeldes informassem com exatidão onde estavam suas tropas para melhor serem atacados.

Eduardo Arthur Sócrates era comandante da 1ª Região Militar e fizera uma carreira alternando entre a política — foi duas vezes deputado federal por Goiás — e a caserna. Quando coronel, respondeu diretamente a Setembrino de Carvalho no Contestado, o conflito bárbaro que tomou a zona rural fronteiriça de Paraná e Santa Catarina. Entre 1912 e 1916, o sangue jorrou em quantidade — estima-se que o número de mortos possa ter chegado a dez mil.[9] Era ele, com sua experiência do Contestado, que o agora ministro Setembrino escolheu para defender o governo. Um homem baixo e gordo, inteiramente careca e que ostentava vastos bigodes brancos, Sócrates conhecia bem os tenentes. Ele próprio dirigia a Escola do Realengo quando os revoltosos estudavam para virar oficiais. O general vinha se deslocando em direção à capital paulista desde o dia 6 e a 9 havia fixado seu QG em Guaiaúna. Controlava toda a região da Penha até a baixada santista, bloqueando o caminho para o litoral que os rebeldes haviam planejado seguir.

Queria avançar sobre a cidade.

Um cinturão de bairros operários o separava do centro. Convergiria, pois, em duas colunas entrando simultaneamente por Vila Maria, Tatuapé, Belenzinho, Mooca, Cambuci, Ipiranga e Vila Mariana.[10] "Não podíamos vencer ao simples emprego da artilharia e consequente avanço da infantaria", explicou Sócrates. Não bastava bombardear e avançar com as tropas. "Era um reduto de ruas com edifícios de ampla amplitude que mesmo destruídos ofereceriam margem à defesa, organizada nos escombros." Ainda estavam no país alguns dos oficiais da Missão Francesa que haviam ensinado aos militares brasileiros as sofisticadas estratégias implementadas na Grande Guerra. Sócrates e Setembrino, no entanto, voltavam para o terreno que lhes era familiar.[11] A brutalidade. Um novo Contestado. Só que o cenário não era o sul rural. Era a segunda metrópole do Brasil.

"Os rebeldes não tinham uma linha contínua de fortificações e as suas trincheiras eram fraquíssimas", exasperava-se o general Abílio de Noronha. Mas ele, comandante da 2ª Região, estava preso. O comandante da 1ª Região é quem determinava a estratégia. "Não tinham defesas acessórias, não tinham para-dorso, para-estilhaços", continuou Noronha. "Tinham os obstáculos que operários, em dias de greve, costumam opor à ação da polícia."[12]

Perante o fracasso do apelo dos diplomatas a Sócrates, o prefeito Firmiano Pinto ligou para o Palácio do Catete. O presidente Arthur Bernardes prometeu retorno. O prefeito esperou. O dia estava para terminar e, com ele, vinha a noite. Com a noite, como em todas as noites, a intensificação dos bombardeios. Bernardes consultou o governador Carlos de Campos. "Estou certo de que São Paulo prefere ver destruída sua formosa capital antes que destruída a legalidade do Brasil",[13] ouviu. Bernardes não imaginava outra resposta. "Se São Paulo for destruída ao preço da conservação do império da lei", comentou o presidente com um interlocutor, "essa destruição está justificada."[14] Ao lado de Firmiano, Macedo Soares e alguns secretários aguardavam ansiosos por qualquer sinal vindo do Rio de Janeiro. Lá fora, silvos, choques, explosões. Alta madrugada, às 2h30, assinada pelo ministro da Guerra, vinha a resposta por escrito. "Devo declarar com verdadeiro pesar que não podemos fazer a guerra tolhidos do dever de não servirmos da artilharia contra o inimigo",[15] escreveu Setembrino. Argumentava como se a operação de arraso de bairros fosse um inconveniente. "Os danos materiais de um bombardeio podem ser facilmente reparados, maiormente quando se trata de uma cidade servida pela fecunda atividade de um povo laborioso." Bernardes preferira responder por intermediário, o intermediário optara por evitar o telefone, ao mesmo momento em que corpos se acumulavam pelas ruas. Recolhidos por bondes, os cadáveres começaram a ser empilhados na garagem de Vila Mariana.[16] "Os prejuízos morais", seguia o ministro, "esses não são suscetíveis de reparação." Os caixões já faltavam e não havia coveiros o suficiente. Enterravam os cadáveres em covas rasas, envoltos em lençóis, banhados a cal.

"Dormíamos ou, melhor, passávamos a noite no porão, deitados em colchões, quais mendigos perseguidos e acumulados", escreveu um advogado. "As granadas passavam, zunindo, em arcos diabólicos e curtos, quase rentes ao telhado da nossa habitação." Morava no Paraíso. "Diversos, inúmeros prédios vizinhos, à frente, aos lados, aos fundos, foram atingidos."[17]

Quando amanhecia, as estradas empoeiradas do interior eram tomadas. Limusines de muitos lugares estofadas em veludo e com detalhes de madeira envernizada ou os típicos táxis, surrados Fords Modelo-T. Aos automóveis juntavam-se caminhões, carroças, charretes ou mesmo gente a pé, não raro carregando imensas trouxas à cabeça. "Rostos pálidos e abatidos a exprimirem uma profunda tristeza."[18]

"Na situação angustiosa em que se encontra a população da capital", fez publicar nos jornais que ainda saíam o arcebispo dom Duarte Leopoldo, "são inúmeras as pessoas, sobretudo velhos, mulheres e crianças que se acham desprovidas de abrigo e alimentação." Era um paulista magro, dom Duarte, com os cabelos ainda negros aos 57 anos. Penteava-os para trás com pasta para que ficassem rentes ao solidéu. Primeiro arcebispo de São Paulo, estava há tanto tempo no cargo que para muitos seu rosto se confundia com o da Igreja. "Nessa dura emergência, aconselhamos ao reverendíssimo clero, às instituições religiosas e aos nossos caríssimos diocesanos em geral a prática da caridade para com os necessitados, sem distinção de espécie alguma." O tom era pastoral, mas tratava-se de ordem para execução imediata. "Parece conveniente que, desde já, se abram aos desabrigados os edifícios mais vastos quaisquer que sejam, inclusive as igrejas."[19] No mesmo dia, abriu-se para abrigo a Igreja da Consolação e transformaram-se em hospitais o Mosteiro de São Bento, o Liceu Coração de Jesus e o Colégio São Luiz, na Paulista. Um padre de Perdizes recebeu quem buscava teto em sua própria casa. Converteram-se em abrigos, também, a Escola Normal, na praça da República, assim como dois dos maiores cinemas, o Brasil, no Arouche, e o Olympia, no Brás.

E, aos poucos, os rebeldes começaram a sentir a pressão do avanço governista. Duzentos homens liderados pelo tenente Asdrúbal Gwyer desceram as colinas do Ipiranga em direção ao palácio do Museu Paulista, tentando pegar de surpresa do terreno alto uma tropa legal mais numerosa. Sustentaram fogo durante seis horas, para além da tarde inteira, até que canhões do governo iniciaram um contra-ataque. Gwyer viu-se obrigado a ordenar retirada.[20]

Após intenso tiroteio, no fim da tarde do dia 15, os policiais governistas do 5º Batalhão da Força Pública, isolados em seu quartel da rua Vergueiro, Liberdade, levantaram a bandeira branca de rendição. Enfim uma vitória rebelde. Naquele instante, o general Isidoro Dias Lopes jantava longe dali, no QG da Luz.[21] Juarez Távora se encontrava no Belenzinho, sob tiros cerrados de metralhadora, tentando conter o avanço das tropas de Eduardo Sócrates.[22] Sob fogo também, João Cabanas saltava de rua em rua, buscando sempre as trincheiras de paralelepípedos empilhados, no Brás.[23] Era o capitão Joaquim Távora quem liderava a batalha de conquista na Liberdade. "Vamos tomá-lo de qualquer maneira",[24] havia dito momentos antes para seus vinte e tantos homens. Foi ele, um dos militares revoltosos mais experientes, quem viu a bandeira branca. Levantou-se da trincheira, se expôs. Não esperou ter certeza da rendição, não esperou que a confusão natural de batalha cedesse espaço ao silêncio do cessar-fogo. Um militar experiente. Levantou-se, de peito aberto, a "bandeira, cérebro e alma do movimento".[25] E levou um tiro de fuzil que entrou pela lateral do pescoço, saindo pelo ombro acima da escápula.[26]

O quartel se entregou. Mas Joaquim, levado para o Hospital da Força Pública num estado de gravidade ainda desconhecido, seria obrigado a deixar pela segunda vez a luta. Uma luta que só recrudescia. Bem pouco antes, uma bala de canhão se chocara contra o telhado do Cine Teatro Olympia. Tornado abrigo após o apelo de dom Duarte, era o maior do Brás. A bomba deixou trinta mortos, mais de oitenta feridos. "Uma das mães", contou uma testemunha, "vendo a filhinha esfacelada, enlouquece e canta, e sorri, animando ao colo, contra o seio, a perninha da infeliz."[27] Só recrudescia.

Isidoro não lutava apenas com armas. O segundo manifesto que assinou saiu na imprensa em 17 de julho. "Quando, na segunda metade do século passado, o governo do Brasil singrara pela senda do despotismo, do repúdio à opinião nacional, as classes armadas substituíram em nome do povo o anacrônico sistema monárquico pela forma republicana na esperança de melhores dias." O velho general queria seduzir a população que, bombardeada fazia mais de uma semana pelo governo federal, lhe demonstrava simpatia. "Um a um foram sendo vencidos os freios que a Constituição estabelecera à ação invasora do Executivo." Sua acusação é que Bernardes se transformava em ditador. "Por fim, o último dos freios, o da opinião pública expressa na crítica ampla e livre da imprensa sobre os atos dos governos, foi arrebatado ao povo por uma lei inconstitucional que estabeleceu, na República, o delito de opinião. Consequentemente violada está a Constituição."

Por carta, seu prisioneiro de primeira hora, o general Noronha, tentava aflito negociar um cessar-fogo. Cobrava as condições dos rebeldes. Isidoro não tinha uma lista pequena. "Entrega imediata do governo da União a um governo provisório composto de nomes nacionais de reconhecida probidade e da confiança dos revolucionários."[28] Tampouco sua lista começava com amenidades. "A entrega imediata do governo da União implicaria um golpe na Soberania Nacional pelo gume das baionetas e roncar dos canhões", respondeu Noronha. "Implicaria o cerceamento de um direito conseguido pelo povo de 1889, um direito que é a culminância das conquistas de uma nação depois de sua independência." Não haveria negociação naqueles termos. E Isidoro o sabia.

Naquela mesma tarde de 17, enquanto paulistanos ainda liam o manifesto nas páginas e os generais debatiam por carta, uma granada caiu no quintal do italiano Antônio de Giani, no Bom Retiro. Onde seus filhos brincavam. O corpo de Lúcia, 12 anos, quase desapareceu. Pedro queimou-se tanto que morreu alguns dias depois em uma cama do Liceu Coração de Jesus. Vitor teve o pé amputado. Atendida pelo padre Luiz Marcigaglia, a mulher de Giani, que amamentava gêmeas, parou de produzir leite. Catatônica. Em menos de uma semana, perdeu as duas filhas para a inanição.[29]

Numa pausa dos combates, Juarez Távora encontrou o irmão animado,[30] no hospital. Apesar dos muitos pacientes, os médicos não descuidavam do capitão. Os vasos sanguíneos mais importantes não tinham dano. Outros amigos que o visitaram ouviram dele conselhos de que mantivessem firmeza e demonstrassem energia.[31] Mas quando o médico Celso Barroso chegou para atendê-lo, tudo mudara. Joaquim estava azul. "Doutor", disse ele, "livre-me disso."[32] Sufocava. Não havia dano dos órgãos, pelo tiro, que justificasse a virada de quadro. Um exame clínico da urina revelou o quadro de nefrite crônica, inflamação renal que poderia estar provocando congestão de líquido nos pulmões. O médico o pôs em soro glicosado e recomendou sangria. Joaquim chegou a melhorar, mas não resistiu muitas horas. Morreu agonizando no dia 19.* "Só pude revê-lo morto", lembraria Juarez. "Perdia mais do que um irmão, perdia um segundo pai e guia."

O Cotonifício Crespi começou a arder na noite do dia 22. Inaugurado em 1897, ocupando 50 mil metros quadrados em três andares na Mooca, queimou durante três dias. O céu estava límpido e era possível ver o quarto crescente da Lua. Apenas quatro meses antes, que àquela altura já parecia outra era, seus operários haviam fundado ali no pátio um clube de futebol, o Extra São Paulo, que em alguns anos seria rebatizado Juventus. "Erguia-se para os ares como que uma bracejante e enovelada floresta de fogo e fumo", escreveu um homem que circulava a cidade para fazer testemunho. "Através das aberturas das janelas, viam-se as labaredas empenhadas num sabbat desordenado e destruidor."[33]

Após mais de dez dias de emprego da estratégia do bombardeio terrificante, São Paulo estava arrasada. Centenas de milhares de pessoas deixariam a capital até o fim daqueles dias. E os rebeldes buscavam uma saída. Tinham a cidade, mas com os legalistas agindo sem hesitar, ela terminaria no chão.

Aí veio a ideia do voo.

O avião era um monomotor Curtiss Oriole de três lugares e asa dupla que, com um tanque sobressalente de combustível, poderia deixar São Paulo, alcançar o Rio e ainda fazer o caminho da volta. O plano era lançar uma bomba, 3 kg de dinamite, sobre o Catete. Assumiu como piloto o alemão Carlos Herdler e, no comando, Eduardo Gomes. Herdler, que fugira do antissemitismo europeu, vinha fazendo voos periódicos de reconhecimento com o tenente veterano de Copacabana. Decolaram do

---

* Vários autores afirmam que o tiro atingiu a coluna de Joaquim Távora e que ele ficou no mínimo paraplégico antes de morrer. Seu quadro já seria de extrema gravidade ao dar entrada no hospital. Mas seu irmão diz tê-lo encontrado animado, outras testemunhas dão depoimentos parecidos. E o testemunho do médico que alega tê-lo atendido, registrado pelo *Correio da Manhã* em 1º de fevereiro de 1927, é coerente com o quadro descrito por Juarez.

Campo de Marte às 10h30 da manhã do dia 22[34] levando, além da bomba, 50 mil panfletos que soltariam pelos ares da capital. Não chegaram. Após uma hora e meia de voo, o carburador engasgou sem água e o piloto fez um pouso forçado num pântano, em Cunha, limite de São Paulo e Rio. "Findo pela manhã, meu ordenança informou-me que um aeroplano caíra no bairro da Carioca", registrou o delegado local. "Infelizmente não me foi possível efetuar a prisão dos aviadores." Fugido do antissemitismo, Herdler não escapou do governo brasileiro. Foi executado[35] enquanto Gomes mergulhava, pela segunda vez, na clandestinidade.

Quando os tanques de guerra entraram no Belenzinho, depararam-se com um pelotão de voluntários alemães que haviam lutado na Guerra. Sabiam o que fazer contra aquelas armas modernas. Cavaram fossos, dois metros de fundo, impedindo que as esteiras das máquinas avançassem. Os carros pesados, modelo Renault F-17, tinham o canhão fixo, incapaz de girar.[36] Os alemães chegaram a subir neles, mas os pilotos acharam por bem recuar. Haviam destruído dez casas já abandonadas, além de um pequeno prédio. A pressão governista se ampliava e os conflitos armados se estendiam por dezenas de ruas.

Era de tarde, por volta das 15h30 do dia 26, quando soldados mineiros entraram no Jóquei Clube. Embaixo das arquibancadas, encontraram João Caprava, o guarda-noturno local, que trouxera sua família e a de um amigo para se abrigar do bombardeio na Mooca. A nora de João havia dado à luz dias antes, sobre o cimento do pátio. Os soldados decidiram num estalo que o homem era espião e quiseram executá-lo. Dona Carmela, sua mulher, 57 anos, não conteve o susto seguido de pranto. Apavorada. Implorando. Mas foi abatido João. Péricles, seu filho que virara pai ali, logo ali, fez um gesto de desespero. Também abatido. Como abatido foi Afonso, apelido Perigoso, que trabalhava no Posto Zootécnico dos cavalos.[37]

O jornalista Paulo Duarte chegou a Guaiaúna para um encontro com o governador Carlos de Campos bem cedo, às 8h do dia 27. Tinha viajado boa parte da madrugada. Trazia consigo uma carta assinada por José Carlos de Macedo Soares e vinha no carro do empresário, carregando para eventualidades duas bandeiras brancas costuradas por dona Matilde. "O aniquilamento do poder industrial de São Paulo prossegue todos os dias", escreveu o presidente da Associação Comercial. "Os operários agitam-se já e as aspirações bolchevistas manifestam-se abertamente", continuou. "O ânimo da leal e fiel população de São Paulo está abatido" e, pior, "compara com azedume o tratamento generoso que tem recebido dos revolucionários com a desumanidade inútil do ininterrupto bombardeio."[38]

Duarte encontrou o governador vindo de um passeio. Campos parou na plataforma da estação para que um engraxate tirasse, de suas botinas, a poeira. Estava corado e risonho. Bento Bueno, secretário de Justiça, o acompanhava. Havia cortado o cabelo desde que deixara São Paulo após a bomba que quase o matou. Convidaram o jornalista para o interior do vagão Classe A, nº 4, emprestado pela administração da Central do Brasil para que lhes servisse de escritório.[39] Vinham levando uma rotina pacata ali no campo, almoçando todos os dias na casa próxima de um funcionário da Secretaria de Agricultura. Acomodaram-se os dois, governador e secretário, em poltronas macias, e Campos recebeu do repórter a carta. Seu humor virou. "Isto não são palavras de um amigo", disse irritado, sem tirar os olhos das folhas. "Absolutamente!", falou, duro. "Aos revoltosos, nada! Nós iremos até o fim, eles que aguardem as consequências." O governador voltou-se para o secretário com os papéis na mão. "Leia isso, Bento, é uma carta do José Carlos pedindo um armistício e anistia aos revoltosos." Duarte tentou interceder. "Mas, doutor Carlos, se Vossa Excelência conhecesse a atual situação da cidade." O homem não quis ouvir. Seu bom humor acabara. "Não será pior do que a minha aqui", disse, e reclamou na sequência. "Vocês parecem que estão fazendo causa comum com os revoltosos." Bueno, com um sorriso irônico, o interrompeu. "Repara aqui", disse, apontando um trecho. "Ele fala em guerra de movimento. Guerra de movimento, ora, que graça." O governador não estava para ironias. "Eu nem respondo esta carta", arrematou. "Ele ainda admite a possibilidade de os rebeldes saírem vitoriosos", continuou Bueno. "Qual você, Carlos, não deve mesmo responder." O jornalista arriscou novamente. "Doutor Carlos, Vossa Excelência está interpretando mal o procedimento do doutor José Carlos." O governador interveio. "A granada será a resposta. Vou mandar intensificar o bombardeio." O repórter procurava uma saída. "Se na carta ele fala em armistício, é a fim de que possa vir tratar do assunto o general Abílio de Noronha." Carlos de Campos se exasperou. "O general Abílio é o maior culpado de tudo", vociferou. "Ele é o causador desta situação em que nos achamos. O general Abílio não passa de um bailarino."[40]

Fracassou Paulo Duarte. O governo não ia ceder.

De fora do vagão tornado gabinete, o jornalista avistou o automóvel de Macedo Soares, com o motorista à sua espera. Não havia tempo a perder: entrou. Chegou a São Paulo pouco antes das 17h e saiu em busca do empresário, que não encontrou. Tomou a decisão, então, de procurar no quartel da Luz o general Isidoro. "Podíamos perfeitamente resistir por mais dez ou quinze dias, desde que falhou parte de nossas previsões de vitória absoluta", disse o comandante rebelde. Estava pensativo. "Porém seria a ruína da vida econômica do Brasil." Paulo Duarte o ouvia. "Não evitar a destruição de São Paulo fora a maior das ingratidões para com um povo que soube compreender a nobreza dos nossos fins." Àquela altura, ele já mandara organizar os trens. Os rebeldes estavam de saída. "Havemos ainda de nos encontrar aqui ou no Rio", completou Isidoro.

Ao sair, talvez Duarte tenha visto ao longe, no pátio do quartel, um triste Juarez Távora conversando absorto com o advogado Lourenço Moreira Lima. O major Miguel Costa chegou por trás, segurando pelo braço o tenente. "Oh, filho, andava a sua procura", disse Miguel a Juarez. "Preciso de você."[41] Cuidariam dele.

Na Vila Mariana, um dia qualquer do longo cerco a São Paulo, um senhor negro, de pele muito retinta e cabelo muito branco, foi visto cambaleando em frente à Igreja de Santa Generosa. Tinha nas mãos uma garrafa de champanhe. "Cachaça de branco tá dando sorte", falou alto para quem ouvisse. "Os italiano rubaro e nêgo véio tá bebendo. Eta, mundo."

21

São Paulo, agosto de 1924

No BARZINHO ALEMÃO da Santa Efigênia, a mesa regada a chope, os amigos de sempre se reuniram. No centro das atenções, costumava estar Mário de Andrade, um homem moreno já careca aos 30 anos, cuja cabeça fervilhava sempre com novos interesses. Na roda eram quase todos ricos, não Mário. De boa família, porém constantemente se virando quanto a dinheiro. Entre seus acompanhantes, Rubens Borba de Moraes, 25, que também vivia absorto em livros e que lembraria por muitos anos aquela conversa, aquela descoberta. São Paulo começava, muito lentamente, a voltar à rotina. "Mas que coisa essa revolução", comentou um deles puxando assunto. "Nós, fazendo literatura, querendo reformar a literatura e as artes", respondeu outro, "e tem gente que está vendo que é preciso reformar o sistema."[1] Passariam horas discutindo os manifestos de Isidoro.

O terceiro e último texto do general havia sido publicado pelos jornais paulistanos no dia 24 de julho. Era o mais direto. "Triunfante a revolução, o governo provisório convocará uma constituinte para regulamentar os seguintes princípios", escreveu.

1. Voto secreto. 2. Justiça gratuita e reforma radical no sistema de nomeação e recrutamento dos magistrados. Redução ao mínimo

de nossa máquina burocrática. 3. A reforma, não dos programas, mas sim dos métodos de instrução pública, a que melhor chamaremos de educação pública.

"O infeliz Carlos de Campos, músico de talento, mas não um general, teve de bater em retirada", descreveu o poeta suíço Blaise Cendrars, que aos 36 anos passeava pelo país em visita aos amigos brasileiros. "Vi chegar um belo regimento romântico de Mato Grosso, outro do Paraná, magníficos germanos bem dourados pelo sol dos trópicos, um esplêndido batalhão da Bahia composto de negros, de mulatos, de mestiços, de índios, dos famosos mamelucos e toda a artilharia disponível." Cendrars, que havia perdido um braço durante a Grande Guerra, na qual lutara pela Legião Estrangeira, estava maravilhado por ter assistido a uma verdadeira revolução latino-americana, com direito a todos os estereótipos que imaginava. "O general Sócrates, comandante das tropas federais de cerco, fez desencadear sobre a cidade aberta um bombardeio à alemã." Experiente, nos primeiros dias, o europeu ensinou aos pais da pintora Tarsila do Amaral, com quem estava hospedado, a cuidar da casa perante o embalo das bombas. Preocupava-se particularmente com o excesso de vidros pelas janelas da elegante residência paulistana. "O general revolucionário, Isidoro, era um dogmático. Durante 27 dias redigiu manifestos, publicando proclamações filosóficas cheias de romantismo e grandeza. No vigésimo sétimo dia, ordenou a suas tropas que evacuassem." Quando o bombardeio pesado teve início, o poeta rumou com os anfitriões mais Oswald de Andrade para a rica fazenda familiar do interior. De lá, tomou um carro emprestado e assim mesmo, com um só braço, circulou para conhecer a São Paulo cafeeira. "Depois da partida das forças revolucionárias, o exército federal bombardeou ainda a cidade durante dois dias e duas noites, depois entrou na capital de São Paulo ao som de uma marcha triunfal composta para a ocasião por Carlos de Campos."[2]

O que Cendrars viu com ironia e saiu encaixando nos estereótipos mexeu profundamente com seus amigos brasileiros. Eles haviam vivido uma guerra civil dentro de casa.

O primeiro trem rebelde deixou São Paulo pouco após as 22h de 27 de julho. Os comboios para o interior vararam a madrugada, levando mais de 3 mil combatentes, além de armamentos. Quando saiu o último, o dia 28 amanhecia.[3]

Pelos cálculos oficiais, morreram entre 5 e 29 de julho 503 pessoas, feriram-se 4.846 e 1,8 mil imóveis foram destruídos. Dos mais de 700 mil paulistanos, 212.385 deixaram a cidade apenas pelas ferrovias, uma média diária que encostou nos 10 mil. No auge do conflito, muitos corpos foram enterrados nos quintais. Numa baixada do Araçá chegou-se a empilhar mais de duzentos cadáveres. Os próprios diretores da Funerária Rodovalho, concessionária municipal, trabalharam dia e noite dirigindo os carros sem dar conta do todo. Nos meses seguintes, a prefeitura fez campanha para que os paulistanos informassem onde havia corpos enterrados. O traslado para cemitérios oficiais, argumentava, era uma questão de higiene.[4]

José Carlos de Macedo Soares e o prefeito Firmiano de Morais Pinto foram processados. Acusados de colaboracionismo. Foram inocentados. "Lamentável seria que num estado de fortes iniciativas, como é o de São Paulo, não aparecessem, nos seus momentos de crise política e social, elementos de ação, com a coragem de arrostar os perigos que, por vezes, corre quem cumpre o seu dever",[5] escreveu o juiz na sentença. Carlos de Campos morreu aos 61 anos, em abril de 1927, antes de completar aquele mandato como 12º governador paulista. Orgulhava-se de estar entre os membros fundadores da Academia Paulista de Letras.

Na defesa dos rebeldes, que em fuga para reorganização não foram presos, os juristas Francisco Morato e Justo Mendes de Moraes argumentavam que 1922 e 1924 eram movimentos distintos. Em um estaria o inconformismo com a eleição de Arthur Bernardes. No outro, a repulsa ao estado de sítio, às intervenções federais nos pleitos dos estados e inúmeras outras violações da democracia. Morato e o velho Justo pediam plena absolvição dos rebeldes. Agiam pela defesa de seus direitos. "O movimento de 5 de julho de 1924 foi uma resistência coletiva a atos arbitrários do Executivo Federal, a atos violadores da Constituição a que devem igualmente obediência e respeito governantes e governados."

O artigo 23 da Convenção de Haia de 1907, em cujas negociações Rui Barbosa havia se destacado, estabelece que é proibido "o emprego de armas, projéteis ou materiais destinados a causar sofrimento desnecessário". O artigo 25 proíbe "o ataque ou bombardeamento, seja lá por que meios, de cidades, aldeias, vilas ou edifícios sem defesas estabelecidas". Daí, o artigo 27 protege de ataque "edifícios consagrados ao culto, às artes, às ciências, à beneficência, aos monumentos históricos, os hospitais e os locais em que se acumulavam enfermos e feridos". O governo federal fora responsável pela quebra de cada um destes artigos dentro de seu próprio território.

"Como presidente da República", teria dito muitas décadas depois Arthur Bernardes ao repórter Manuel Bispo, do jornal *Última Hora*, "fui apenas um chefe de polícia. E, chefe de polícia ante as pressões revolucionárias, só sabia fazer uma coisa: prender, perseguir, conter pelo terror."[6] Passou o mandato trancado no Catete.

Prestes

Personagens em outubro de 1924

Rebeldes

Aníbal Benévolo. Primeiro-tenente, alocado no 2º Regimento de Cavalaria Independente com sede em São Borja (RS).

Honório Lemes. Líder militar maragato, no Rio Grande do Sul. Apelidado de o *Leão do Caverá*.

João Alberto Lins de Barros. Primeiro-tenente, alocado no 3º Grupo de Artilharia a Cavalo com sede em Alegrete (RS).

Juarez Távora. Primeiro-tenente, veterano da revolta paulista, desertor do Exército.

Luís Carlos Prestes. Capitão, alocado no 1º Batalhão Ferroviário com sede em Santo Ângelo (RS).

22

Região das Missões, outubro de 1924

O HOMEM VINDO de Santo Tomé,[1] uma hora distante de carro, atravessou os portões do 2º Regimento de Cavalaria Independente, em São Borja, às 20h de 28 de outubro de 1924. Vestia uma capa pesada e, embora já estivesse escuro, cobria-se com um chapéu de abas largas. Não estava sozinho. Acompanhavam-no os tenentes Aníbal Benévolo e Sandoval Cavalcanti. Desconhecido e oficiais encontraram praças e sargentos já enfileirados no pátio, aguardando quem lhes explicasse por que estavam formados. "Soldados", gritou Benévolo, "eis Antônio de Siqueira Campos."[2] Foi um choque e um êxtase. O herói de Copacabana. Um dos nomes mais reconhecidos por qualquer militar. Ergueram os braços com seus fuzis, os soldados, enquanto Siqueira atirava capa e chapéu ao chão, encarando-os. "Viva Siqueira Campos", gritavam. Quando os outros oficiais do quartel chegaram para encontrar seus homens maravilhados, já não tinham como deter o levante. Não com uma lenda presente. Juntaram-se. Às 2h, uma tropa seguia para tomar o centro da cidade.

 Em Buenos Aires, no exílio, Siqueira abrira um negócio de importação com Rômulo Fabrizzi, também veterano do Forte. Adotara outra vida e quase esquecera do Brasil quando soube do levante em São Paulo. Demorou uns dias para que tomasse consciência da dimensão do movimento.

Entre desembaraços alfandegários e visitas a bancos, procurou notícias, buscou contato, que não conseguiu. A capital paulista foi bombardeada, os homens deixaram-na em disciplina nos comboios de trem duma madrugada, andaram pelo interior do estado, atravessaram Mato Grosso até garantir um espaço no Paraná, não longe das cataratas, onde resistiam sob o comando de Isidoro e Miguel Costa. Foi lá, quando enfim puderam parar, que Siqueira os achou.

A Coluna Paulista precisava de um jeito de distrair as forças legais do marechal Cândido Rondon, que se preparavam para cercá-la. Outro levante. Juarez Távora, com seu irmão Joaquim, tinha feito muitos contatos, no Rio Grande do Sul, nos meses anteriores ao 5 de Julho. E Siqueira seria uma inspiração para qualquer soldado. "Ontem, como hoje, o venero como o maior de todos",[3] escreveria já velho um dos homens que o seguiu. "Era um samurai perdido no Brasil, tinha um código de honra inabalável", escreveu outro. "Sabia fazer a guerra com cavalheirismo."[4] Ele e Juarez passariam os meses seguintes organizando a nova revolta.

"Nas lindes acidentes do Paraná", publicou em 29 de outubro o jornal local de São Borja, "alguns milhares de compatriotas vão selando com o seu sangue o protesto contra a tirania dos governos." Era um manifesto para explicar à população o que estava ocorrendo desde aquela manhã. "A revolução não quer subverter as instituições, mas sim simplificá-las, unificá-las e moralizá-las. A revolução considera, assim, imprescindível: Reformar o artigo 6º da Constituição de forma a impedir os constantes assaltos feitos à autonomia dos estados." Para cada público, o discurso mais adequado. Autonomia era a maior preocupação dos gaúchos. Reformar a Justiça, tornar o ensino obrigatório, instituir ensino profissional, estabelecer voto secreto. "Rio-grandenses!", convocava o texto, "o grito de angústia que o povo brasileiro apenas pode esboçar sob o tacão brutal da tirania que o oprime não podia morrer no seio generoso da terra dos lutadores da liberdade." Os gaúchos estavam habituados com revoltas armadas.

Luís Carlos Prestes servia como capitão no 1º Batalhão Ferroviário, de Santo Ângelo. Foi com ele o primeiro contato de Juarez Távora. "É meu companheiro de peregrinação o nosso querido Siqueira Campos", escreveu em carta. "Apelo para o patriotismo e para a generosidade dos nossos camaradas do Rio Grande, exortando-os a que se exponham a um pouco mais de sacrifícios."[5] A Coluna Paulista era formada por 3 mil homens distribuídos em três brigadas. Estava armada com vinte canhões, 2 mil fuzis Mauser e munição suficiente para 6 milhões de tiros. A informação era importante. O governo federal não confiava no Rio Grande do Sul. Os mesmos motivos que favoreciam um levante gaúcho serviam de argumento para que os quartéis do estado estivessem com seus arsenais vazios.

Prestes não precisava de convite formal. A carta fora escrita para que tivesse o que ler para os oficiais da região. Para convencê-los. Aos 26 anos, não participara do movimento de 1922 por causa do tifo. Estava ansioso. Era um homem rígido, com uma imensa capacidade de estudo, o filho mais velho entre cinco de uma viúva pobre. "Eu não tinha namorada", dizia de seu tempo na Escola Militar do Realengo. "Entregava em casa todo o soldo e não podia participar de nada. Os alunos saíam, iam para o teatro, para a zona de prostituição, e nada disso eu podia porque não tinha um tostão no bolso."[6] Siqueira era um aluno excepcional, mas foi Prestes quem se formou primeiro da turma. Punha-se, assim, em primeiro da fila para as promoções até a patente de capitão. "Pela aflição que sinto sufocar nossa gente, eu já não posso mais me calar", escreveu à mãe nos dias anteriores. "Preparem-se para enfrentar as duras consequências em face da atitude que terei de tomar. Afinal, foi a senhora que me educou dentro destes rígidos padrões morais e cultivou em mim a aversão a qualquer tipo de injustiça."

Seu comandante desconfiava. Mas, com o auxílio de um médico conspirador,[7] conseguiu o atestado que lhe permitiu a ausência necessária para tantos encontros quantos precisasse. Foi meticuloso no planejamento.

Às 20h, no mesmo momento em que seus companheiros entravam no quartel de São Borja, a uns duzentos quilômetros dali, o capitão Prestes rendeu em sua casa o major Eduardo Sá de Siqueira Montes. De lá, rumou para o quartel levando um telegrama forjado dentro dos Correios. "O Sr. General Cmt. da 3ª Região Militar passo nesta data o comando deste Btl. ao Sr. Cap. Luís Carlos Prestes."[8] Os tenentes que receberam o papel sabiam que era falso. Queriam só a desculpa caso algo desse errado. Todo o procedimento burocrático de passagem do comando foi executado. São Borja estava revolta, agora também Santo Ângelo.

Juarez Fernandes Távora era exatos doze dias mais moço que Prestes. A experiência em São Paulo o havia transformado. "O sacrifício de seu irmão", disse um amigo, "obrigou Juarez, dezoito anos mais moço e já figura inconfundível no campo da revolução, a concentrar um pacto de morte com a memória de Joaquim."[9] Não descansaria enquanto ou a revolta tivesse sucesso ou morresse ele próprio em batalha. A seu cargo ficou o levante do 5º Regimento de Cavalaria Independente, em Uruguaiana.

Na manhã do dia 29, um tenso João Alberto Lins de Barros despediu-se da mulher, Cândida, que, firme, não deixou escorrer mais do que algumas lágrimas. Aos 27, ele era um ano mais velho do que Prestes, Juarez e Siqueira. Mas era o tenente de menor experiência com revoltas. Estava na Vila Militar em 1922 e passara um tempo preso, mas não teve experiência em combate. Pernambucano, alto, casou com uma mulher forte, gaúcha da fronteira, cuja família se metera em cada uma das três revoltas realizadas no estado desde a proclamação da República. O tio morrera em batalha. Cláudio, o primeiro filho de João e Cândida, contava 8 dias de vida. E, ainda assim, nem ele nem ela tiveram quaisquer dúvidas quando o tenente cruzou a porta da casa de Alegrete, naquela manhã, com a intenção de juntar-se aos revoltosos.

Uma manhã de dia claro e sol.

João Alberto aprumou seu regimento e tomou o trem para a cidade vizinha Uruguaiana com a missão de combater os rebeldes. Acompanhava-o um grupo de Provisórios, milícia gaúcha leal ao governador Borges de Medeiros. "Acariciei o punho da minha pistola",[10] lembrou o tenente. Tentava decidir se aproveitava o trajeto para matar o líder miliciano. "Devia ter mais idade do que eu, mas, certamente, não atingira ainda os 30 anos." Nunca havia feito aquilo. Mas facilitaria na hora de mobilizar seus homens. "Não tive coragem", continuou. "Repugnou-me começar um movimento libertador daquela forma."

A locomotiva na qual estavam parou em meio a um bosque de eucaliptos. Outro trem interrompia seu caminho. E, ao redor da máquina, soldados uniformizados com fitas vermelhas amarradas aos quepes. A cor dos maragatos, dos federalistas gaúchos. Cor de rebeldes da terra. João Alberto saltou acompanhado do chefe provisório. Saltou com ambos Maneco Aranha, homem de família local importante, que pretendia também se juntar ao levante. Família dividida. O irmão mais velho, Oswaldo,* era líder dos Provisórios de outro município vizinho, Itaqui. Maneco sacou o revólver por trás, João Alberto pela frente, e o líder miliciano foi rendido.

Demorou um dia para que tornassem todos a Alegrete. "Ao chegar a pouco mais de uma légua da cidade", lembrou Juarez, "comecei a ouvir a fuzilaria e o troar da artilharia em pleno ataque."[11] Travaram uma batalha violenta, sem chances de vitória. E à noite, no acampamento, foram aos poucos chegando civis gaúchos. Vinham armados e com cavalos como se uma derrota não houvesse ocorrido. "A tropa que pela manhã se arrastava batida e desmoralizada", contou João Alberto, "como que ressurgia ao cair da noite, esplêndida, alegre e pronta para nova peleja." Ele, pernambucano, e Juarez, cearense, começavam a ser apresentados ao modo sulista de fazer guerra.

O Rio Grande era bipartidário. Sempre havia sido. Ou chimango, ou maragato. Ou blanco, ou colorado. Partido Republicano contra Partido

---

* Deputado federal (1927-28), ministro da Justiça (1930-31), da Fazenda (1931-34 e 1953-54), das Relações Exteriores (1938-44), embaixador nos EUA (1934-37) e na ONU (1947).

Federalista. O lenço de seda branco atado ao pescoço, ou de seda vermelho, capazes ambos de resistir ao fio de qualquer faca. Borges talvez tivesse sido o primeiro governador a romper, em 1921, com o pacto dos estados para eleger Arthur Bernardes. Mas era o governador, representava o governo e, no contexto gaúcho, não haveria escolha. Se o levante era contra o governo, seria federalista. Os caudilhos maragatos se juntariam à soldadesca com vontade de luta. O Exército regular, treinado, ia combater lado a lado com os cavaleiros dos pampas.

De manhã, saíram em marcha de volta para Uruguaiana. No Rio Grande, a revolução se fazia em longas marchas. "Não havia armas nem fardamento para todos", lembrou João Alberto, "mas os voluntários estavam habituados àquele gênero de luta."[12] Entre os caudilhos estava Honório Lemes, o *Leão do Caverá*. 60 anos e analfabeto, bravo como poucos, bigodes fartos, e exímio cavaleiro. Porque tinha o título de coronel trazido da Revolução Federalista de 1893, assumiu o comando. Juarez juntou-se a ele como chefe do Estado-Maior. Não foi muito ouvido. E tudo piorou quando, ao cruzar um rio a cavalo, o tenente cearense se atrapalhou. "Puxei com violência as rédeas",[13] disse, "e o cavalo, leve de boca, empinou sobre as patas traseiras." Perante o caudilho estupefato, Távora se atirou assustado dentro d'água. "Baiano desastrado", gritou Lemes, "inutilizou o meu cavalo." O filho do caudilho preocupou-se com o tenente, que a essa altura já ria, encharcado. "Qual nada, meu filho", continuou o coronel, "baiano que não sabe montar, sabe cair." Além de não ouvi-lo a respeito de estratégia militar, Lemes recomendou a Juarez que não mais usasse esporas. Não sabia montar. "Não dispondo de armamento perfeito", explicou João Alberto, "a única vantagem que os revolucionários levavam sobre a tropa regular era a da rapidez de ação." Um truísmo de toda a história do Rio Grande. O bom cavalo era a principal arma do maragato.

O choque cultural dos oficiais treinados com a gente da fronteira se estenderia. Ao visitar a mãe octogenária de seu companheiro de São

Paulo, o coronel João Francisco, Juarez sofreu uma descompostura. "Já conheço sua fama de protetor dos chimangos",[14] disse-lhe a senhora imediatamente. O tenente foi pego de surpresa. "Porque o senhor acha que os chimangos podem degolar os maragatos", reclamou ela, "mas os nossos não podem degolar os chimangos." Juarez havia proibido a degola de prisioneiros. Tampouco, tentou explicar, aprovava que os adversários o fizessem. "Aí é que está o seu engano", retrucou dona Luísa Pereira de Souza. "O senhor pode fazer chegar o seu pito aos nossos soldados, mas não pode fazer o mesmo aos chimangos."

A falta de treinamento formal logo pesou, quando Lemes carregou seus homens, além daqueles levantados por Juarez e João Alberto, para um combate inútil contra um grupo de Provisórios. Os voluntários eram bem-vindos, mas seu líder perigava tornar-se uma distração inútil que afastava da missão principal. Dominar o Rio Grande. "Há alguns preceitos militares que, uma vez desobedecidos, provocam a derrota inevitável",[15] analisaria depois Siqueira Campos. Mas aprenderiam muito, os oficiais, naquela experiência gaúcha. "Dentro de uma força rebelde, os postos de mando cabem aos resolutos, ainda que sejam de graduação inferior. Os designados para missões difíceis são sempre os mais valentes e capazes, a despeito da hierarquia." Sem esquecer o que haviam aprendido no Realengo, metiam-se agora num curso improvisado de guerrilha.

Em poucos dias, dominavam os principais postos militares do oeste gaúcho, formando um cinturão de Santo Ângelo a São Luiz Gonzaga, São Borja a Uruguaiana, além de parte da guarnição de Alegrete. O cinturão era interrompido apenas pela cidade de Itaqui, separada da fronteira argentina pelo rio Uruguai, onde ficava o 4º Grupo de Artilharia, além de quatrocentos civis armados sob o comando de Oswaldo Aranha. A derrota, desta vez, pertenceu a Antônio de Siqueira Campos.

Siqueira contava com reforços enviados por Távora, mas este, distraído pelos reveses impostos pelo coronel Lemes, não pôde enviá-los. Tentaram o cerco ainda assim. "Durante o dia", lembrou um oficial, "a artilharia bombardeava as nossas posições ativamente."[16] Ficaram assim até se tornar evidente que não seriam capazes de furar o bloqueio. E que, pior, corriam o risco de se ver cercados. Precisavam sair. O tenente compartilhava o comando com Aníbal Benévolo, responsável original pelo regimento. Com setenta homens, Benévolo cobriu a saída dos soldados, armado com algumas metralhadoras. Comandava pessoalmente uma delas. "Uma bala adversária o prostrou, sem vida, nos braços de seus últimos soldados", contou depois Juarez. "Era um oficial de grande talento, um revolucionário dedicado",[17] lamentou Prestes. O plano de Siqueira para recuar dependia de um trem que esperavam, vindo de Uruguaiana. Nunca chegou. Deslocaram-se então em marcha, perseguidos. Aí o tenente pegou o dinheiro que tinha e dividiu-o com todos. O melhor seria que se separassem os duzentos em pequenos grupos para escapar com maior facilidade.

"Ao clarear do dia", lembrou um oficial que enfim chegava com reforços, "encontramos o primeiro grupo de soldados do Benévolo."[18] A notícia que traziam não era boa. Benévolo morto e nada de Siqueira. O que João não sabia é que o líder de Copacabana, acompanhado de 54 soldados, terminara às margens do rio Uruguai. Não havia balsa ou ponte próxima. Não teve dúvida: mergulhou e nadou o quilômetro que o separava da margem argentina. De lá, Siqueira voltou com uma *chalana*. Algumas viagens trouxeram os homens para a segurança.

23

São Luiz Gonzaga, novembro e dezembro de 1924
Norte gaúcho, janeiro de 1925
Foz do Iguaçu, abril de 1925

SIQUEIRA CAMPOS CHEGOU uma noite. "Fui pressuroso abraçá-lo",[1] contou João Alberto. Não se conheciam, mas Siqueira era um homem gentil. "Levamos uma noite conversando", disse o tenente sobre a ocasião em que o conheceu. "Lisonjeava-me a atenção que ele me dava." O paulista gostava de escutar. "Falava pouco, em frases curtas, e dando sempre um toque de ironia à conversa." O coronel Luís Carlos Prestes não o via desde os tempos de Copacabana. Animou-se todo ao ver o amigo.

Coronel. Do Paraná, por carta, Isidoro Dias Lopes elevou o capitão Prestes a coronel. Miguel Costa e João Francisco, a generais. O Exército Revolucionário agora tinha cargos próprios e aquele título em particular se fazia necessário. Prestes precisava da autoridade sobre os maragatos. "De pequena estatura", o descreveu um dos companheiros. Tinha 1,63 m. "Cabeça grande, maior que a proporcional ao seu corpo, de notável simpatia." Tinha uma qualidade fundamental, o homem feito comandante da Coluna Gaúcha. "Fala com clareza e eloquência e tem muito poder de insinuação."[2] Convencia. Mas era também sem jeito. Quando montava, as calças lhe subiam até os joelhos. Cercava a sela de bolsas cheias de mapas,[3] formando um volume disforme. Não tinha qualquer elegância sobre um cavalo, caráter essencial dos caudilhos. Era, porém, exímio estrategista. Capaz de aprender com rapidez ímpar.

Bem mais de um mês passado do levante, já estava claro que não seriam capazes de controlar o estado. "Dos 1,5 mil homens", lembraria, "só podíamos dar armas longas a 700."[4] Era o número de fuzis Mauser que haviam conseguido dos arsenais. E não muita munição. Ao menos, para cada homem havia dois cavalos.[5] Dividiu-os em três grupos, compondo em cada um uma mistura de soldados regulares com maragatos. Quando Juarez retornou ao Paraná, Prestes deu o comando das divisões a Siqueira, João Alberto e ao tenente Mário Portela Fagundes. Causou embaraços com os gaúchos, mas não queria distrações. As limitações e o cerco que os legalistas ameaçavam fazer impuseram ao coronel Prestes outra decisão. A de abraçar a guerra de movimento. Evitou combates, distribuiu a coluna por um largo território e avançou para o norte. Tinha ordens para avançar.

"Se não houver no Rio Grande fatos novos", escreveu Isidoro, "e se é real a precariedade de sua coluna, só lhe restará empreender resolutamente a marcha rumo a Santa Catarina." Prestes atraiu o ataque de seus inimigos para São Luiz quando já estava longe. Embrenhou-se na mata fechada próxima ao rio Uruguai. "Não tenho palavras que traduzam os sentimentos de alegria, de aplausos, de forte e sadio entusiasmo que despertou, na alma de todos nós, a marcha acidentada e gloriosa que você ideou e executou", escreveu em fevereiro Isidoro. Não foi sem custo. "Estamos com oitocentos homens", explicou Prestes, "dos quais menos de quinhentos armados e tendo ao todo cerca de 10 mil tiros."

Luís Carlos Prestes chegou a Foz do Iguaçu no dia 3 de abril de 1925, precedendo os destacamentos que alcançariam a posição nos dias seguintes. "Todos estavam com as vestes em tiras, estropiados", disse um João Cabanas[6] comovido. Os oitocentos homens da Coluna Gaúcha enfim se uniam aos 1,5 mil da Coluna Paulista. No Rio Grande, a imprensa mais de uma vez havia anunciado a derrota dos rebeldes, que sempre ressurgiam. Isidoro, no comando de guerra desde julho do ano anterior, os chamava de Coluna Fênix. Estava cansado, o comandante. "Nada mais se pode fazer no terreno militar",[7] disse aos homens de seu Estado-Maior reunidos. "Vós que assumiste o posto de chefe da revolução", acusou certa vez o general João Francisco, "deveis recordar-vos que, a 9 de julho, desertastes."[8] Mágoa de São Paulo. Não fora o repentino sumiço do governador Carlos de Campos, Isidoro teria realmente desistido. Sentia que o tempo de partir para o exílio tinha chegado para ele. "A maioria da oficialidade vai emigrar", disse o major Asdrúbal Gwyer. Exílio. Pela segunda vez, o general Miguel Costa discordou do comandante. Queria continuar a luta. O capitão Juarez Távora queria continuar. Assim como o capitão Siqueira Campos. E o coronel Prestes. Passariam ao Paraguai, voltariam pelo Mato Grosso. Seguiriam. Seguiriam.

Chovia torrencialmente em Foz do Iguaçu.[9]

Depois: a revolução

Buenos Aires, maio de 1930

Chovia torrencialmente em Buenos Aires.

O pequeno carro que levava João Alberto e Siqueira Campos os deixou em frente ao avião Latécoère 28, da agência francesa Aéropostale, quando já passava bastante da uma da manhã. Fazia frio e os dois estavam tristes. Eles e Miguel Costa haviam gasto um bom naco da tarde com Prestes. Para ele, Siqueira, a luta ininterrupta já contava oito anos. Para Prestes também. Tão perto do fim.

Mas Prestes não cedia.

Teimoso.

Talvez aqueles dois passageiros pensassem que o rompimento fosse definitivo. Pela primeira vez, estariam em lados opostos. Não era possível. Ajeitaram-se em duas das oito cadeiras do pequeno hidroavião monomotor. Cansado, João Alberto puxou para cima a lapela do sobretudo para se aquecer. Havia só mais um passageiro além de piloto e copiloto. Seus olhos pesaram. Adormeceu.

Foi o tranco que o acordou.

Abriu os olhos desnorteado. Sangrava no nariz e na testa, Siqueira o olhou assustado. Talvez assustado pelo sangue que lhe escorria. Talvez pelo tranco. O avião mexia de um jeito estranho. Flutuava. Afundava. Siqueira o puxou para a porta lateral que se pôs a pressionar. Não sem esforço, abriu-a. A água começou a vazar. Pulou para fora, trazendo o amigo para a parte de cima da nave com ajuda do copiloto. Tudo tão rápido. João sentiu suas calças molhadas. Despiram-se até que ficassem com a camisa de baixo e cueca. A água do oceano Atlântico, na costa uruguaia, estava gelada. O piloto, indicando a direção do litoral, foi o primeiro a pular. Seguiu-o um senhor careca, o terceiro passageiro. Siqueira, exímio nadador, buscava no olhar de João Alberto algum indício de segurança. Seu amigo sangrava. O copiloto foi o terceiro a pular. "Eu não sei nadar", gritou. "Adeus, companheiros." Horrorizados, os dois o viram vir à tona ainda três, quatro vezes, sem gritar.

João Alberto passou a Siqueira o dinheiro do movimento que Prestes lhe dera para as últimas despesas. Ambos sabiam qual dos dois tinha mais chances de sobreviver. O amigo pôs embaixo do braço de João o assento de couro que arrancara para ajudar a flutuar. E o empurrou. Aí, pulou.

O gelo da água foi um choque. De longe, bem de longe, João Alberto percebeu que dava para ver as luzes de uma cidade no litoral. "Espera, João!"[1] Olhou para trás. Siqueira estava a não mais do que um metro. Aí uma onda o encobriu. Fixou na memória aquele rosto, aquela expressão de dor. Aquele grito. Pensou na mulher, nos filhos, fitou em frente as luzes. Nadou. Pensava na família, nadava. Largou o assento. Às vezes com o braço direito. Às vezes com o esquerdo. As luzes. Às luzes. Nadou. Viu uma pedra, se agarrou. Sentiu que as pernas tremiam. E, não longe, uma mureta. Bem perto, até. Escalou a mureta. Um policial sacou o revólver. O policial entendeu a situação. O médico lhe ofereceu uísque, e ele nunca havia bebido uísque.

Tinha 33 anos, Siqueira. Não fumava. Bebia só às vezes, para não ficar sozinho nas rodas. Era dado a silêncios. Um dos sinais de que se era íntimo era este: ele se permitia ficar em silêncio. Fora um jovem intransigente, mas tinha amolecido. Não condenava os companheiros que não haviam abraçado o movimento. Não mais. No último exílio, fez amizade com diplomatas brasileiros. Homens que defendiam o governo. Senso de humor ferino. "Duma feita", contou, "eu mesmo fui ao leito dum oficial governista mandado ao meu encalço." Tempos da Coluna, em algum lugar perdido do Nordeste. "Acordei-o com naturalidade e perguntei-lhe onde andava o Siqueira. Acreditando-me um dos seus, passou a me descompor, dizendo que não o alcançava porque Siqueira o evitava."[2] Quando se apercebeu, coitado, que pavor.

Luís Carlos Prestes foi acordado pelo telefone bem cedo de manhã. "El señor Prestes", dizia do outro lado. "Habla la policía de la costa uruguaya. El Laté 28 cayó aquí la noche pasada. Se murieron todos, menos un brasileño. Nelson Costa. Llama por usted."[3] O codinome de João Alberto. Em Santos, destino final do monomotor, um grupo de militares clandestinos esperou a noite toda. Atrasado. Nunca chegou. "Siqueira desaparecido", dizia o telegrama. "Desastre avião infrutíferas buscas. Alberto salvo. Informarei exatamente. Prestes."

Antônio de Siqueira Campos morreu no dia 10 de maio de 1930, no Uruguai. Seu cadáver foi encontrado quase uma semana depois. O presidente Washington Luís Pereira de Sousa não permitiu o traslado do corpo. Prestes voou para acompanhar o enterro.

Prestes. "Estudando as causas políticas e econômicas da atualidade brasileira, estou convencido de que a revolução burguesa, ao invés de um bem, constituiria um mal para o Brasil",[4] ele lhes havia dito. "A verdadeira crise mental que tive foi quando li o livro de Lenin *O Capital e a Revolução*", contaria tantas e tantas décadas depois. "Contrariava tudo o que eu tinha aprendido na Escola Militar. Na Escola, dava-se a noção de que o Estado era uma instituição acima das classes para distribuir Justiça. Chega Lenin e mostra com um raciocínio inexorável que o Estado é um instrumento de dominação de classes." Seus companheiros se exasperavam. Prestes lhes virava as costas. "Eu tinha a impressão de que tudo o que tinha aprendido, tudo o que tinha acumulado em minha mente, estava errado. Que eu precisava fazer uma limpeza, raspar o cérebro e colocar outro."[5]

Comunista.

Os tenentes não conseguiram impedir a posse do sucessor de Epitácio Pessoa. Mas com Washington Luís seria diferente. Getúlio Dornelles Vargas, seu ministro da Fazenda, conseguiu o impossível. Uma aliança entre chimangos e maragatos. Outra aliança com os tenentes. Reinventou o desenho da política do país.

A República Oligárquica chegava ao fim.

Deixando o Mato Grosso, a Coluna Miguel Costa-Prestes atravessou, entre 1925 e 1927, 25 mil quilômetros do Brasil, treze estados ao todo. "Foi uma aventura de jovens", disse certa vez um Prestes já bem velhinho, sem disfarçar o sorriso. Aquela era a maior coisa que fizera em vida. "Essas loucuras às vezes dão certo. A loucura do Fidel deu certo." A coluna levou seu nome, embora fosse Miguel Costa o comandante. Mas a estratégia da guerra de movimento era dele, de Prestes.

Nunca foram capturados.

Epílogo

Epitácio Pessoa. Em setembro de 1922, Epitácio celebrou o Centenário da Independência. As festas na capital incluíram a inauguração do Hotel Glória, o final do desmanche do morro do Castelo, o aterramento de parte da orla do centro e da lagoa Rodrigo de Freitas. Ali, a avenida construída foi batizada com seu nome, enquanto ele ainda presidia o Brasil. Mais tarde na vida, chegou à conclusão de que tinha dado sorte. Ao antecipar ansiosamente o levante, os oficiais inferiores não deram tempo ao planejamento que se fazia necessário. Terminaram isolados em Copacabana e mais fáceis de dominar. Após a presidência, foi durante um ano juiz na Corte Internacional de Haia. Epitácio elegeu-se senador pela Paraíba em 1924, exerceu mandato até 1930. Seu sobrinho, o governador paraibano João Pessoa, foi candidato a vice na frustrada campanha do governador gaúcho Getúlio Vargas à presidência, naquele mesmo ano. Era uma chapa de oposição, num movimento muito parecido com o puxado por Nilo Peçanha e J. J. Seabra em 1922. Epitácio foi ao presidente Washington Luís sugerir o mesmo que fizera, certa vez, na Sala da Capela. A retirada da chapa Getúlio-Pessoa em troca da desistência do candidato governista à presidência, o governador paulista Júlio Prestes. "No Brasil", ouviu de Washington Luís, "só existe uma força: o governo federal." Durante a campanha, denunciou publicamente o hábito dos presidentes brasileiros de indicarem seus sucessores. Após a inevitável eleição de Júlio Prestes, explodiu na Paraíba uma revolta incentivada pelo governo federal contra o sobrinho de Epitácio. Coerente em suas opiniões políticas, foi contra uma intervenção de oficiais do Exército defendida por Getúlio em prol de João Pessoa. Seu sobrinho foi assassinado em 26 de julho de 1930. O ex-presidente estava na França quando a revolução estourou no Brasil em outubro de 1930. "Se os chefes da revolução atual entendem que ela é a continuação e o fecho da que tentou depor-me", escreveu, "não há lugar para mim entre os seus colaboradores." Recusou convite de Getúlio para servir como embaixador do Brasil nos EUA. O ex-presidente morreu em 13 de fevereiro de 1942 em seu sítio, na cidade de Petrópolis, aos 76 anos. O mal de Parkinson o havia afastado da política desde 1936. Morreu em oposição a Getúlio.

Hermes da Fonseca. Libertado por habeas corpus em janeiro de 1923, o marechal viajou para Petrópolis, onde se hospedou na casa de seus sogros, os barões de Tefé. Lá ficou, estava doente. Morreu aos 68 anos, em 9 de setembro daquele ano.

Arthur Bernardes. Durante sua presidência, enfrentou intensa oposição armada e governou os quatro anos de mandato sob estado de sítio, que suspendia garantias constitucionais. Seu governo tentou estender alguns direitos sociais, como a instituição de quinze dias de férias pagas e a proibição do trabalho de menores de 12 anos. Não criou fiscalização para garantir as novas regras. Passou os anos seguintes à ascensão de Getúlio Vargas ao poder tentando reorganizar o velho Partido Republicano Mineiro. Também tentou articular um movimento armado, em Minas, de apoio à Revolução Constitucionalista de 1932, promovida por São Paulo. Não teve sucesso. Ao final do ano, exilou-se em Lisboa. Anistiado, tornou ao Brasil em 1º de agosto de 1935. Elegeu-se deputado federal pelo

PRM. Em 1939, após o golpe do Estado Novo, foi proibido de deixar sua fazenda, na região de Viçosa. Em 1945, ironicamente, se pôs entre os primeiros articuladores da candidatura de Eduardo Gomes à presidência da República e ligou-se à União Democrática Nacional (UDN), uma rede que unia diversos grupos opositores. No mesmo ano, fundou o Partido Republicano (PR) e elegeu-se deputado constituinte. Durante o governo Dutra, passou à situação. Entre seus últimos engajamentos públicos, se pôs em defesa da nacionalização da exploração do petróleo, já no tempo do governo democrático de Getúlio. Morreu no Rio de Janeiro, aos 79 anos, em 23 de março de 1955. Havia sido reeleito deputado federal pelo PR.

Rui Barbosa. Em julho de 1922, dias após o levante do Forte, Rui Barbosa sofreu um grave edema pulmonar. Sobreviveu, mas com a saúde muito deteriorada. No dia anterior à morte, fez uma reunião em sua casa com correligionários para discutir a sucessão baiana. O senador morreu fazendo política, em 1º de março de 1923, na cidade de Petrópolis. Tinha 75 anos.

Maurício de Lacerda. Em 1924, foi preso acusado de articular politicamente em favor dos militares revoltos. Solto em 1926, elegeu-se novamente para a Câmara dos Deputados em 1930 e apoiou a revolução que levou Getúlio ao poder. Em 1935, ingressou no movimento antifascista da Aliança Nacional Libertadora. Foi preso em 1936, e passou mais um ano na cadeia, acusado de apoiar levantes armados contra Vargas. Com a redemocratização, em 1945, filiou-se à União Democrática Nacional, UDN, uma frente de grupos antigetulistas. Morreu no Rio de Janeiro, aos 71 anos, em 23 de novembro de 1959. Seu filho Carlos Lacerda, também jornalista e político, fez uma carreira longa e de impacto.

Euclides Hermes da Fonseca foi condenado a um ano e quatro meses de reclusão em 4 de fevereiro de 1928 por sua participação no levante do

Forte de Copacabana. Só deixou a cadeia anistiado pela Revolução de 1930. Chegou a tenente-coronel após ter tomado parte nos combates à Revolução Constitucionalista de 1932. Passou à reserva em 1943, elevado ao posto de general de brigada. Morreu no Rio de Janeiro, aos 79 anos, em 11 de outubro de 1962.

Eduardo Gomes terminou preso no final de 1924, em Santa Catarina, quando viajava clandestino para se incorporar ao grupo de seus amigos Luís Carlos Prestes e Siqueira Campos, no Rio Grande do Sul. Foi posto em liberdade condicional no início de 1927, após assumir a presidência Washington Luís. Sob ameaça de ser novamente preso, meteu-se pelo interior para novo período de clandestinidade, que durou até o final de 1929, quando, cansado, entregou-se. Deixou a cadeia tendo cumprido o final de sua pena em maio de 1930 e, imediatamente depois, se uniu aos conspiradores que planejavam dar fim à República Oligárquica. Esteve envolvido em mais uma luta armada, em Minas Gerais, ao longo de outubro de 1930. Desta última vez, o governo caiu. Reintegrado às Forças Armadas, Gomes passou para a arma da Aeronáutica, recém-criada. Estava alocado em São Paulo quando explodiu a Revolução Constitucionalista de 1932 e, pela primeira vez, lutou pelo governo. No Recife, em 1935, já tenente-coronel, resistiu ao levante comunista inspirado por Prestes na Escola de Aviação Militar, que comandava. Durante a batalha, foi ferido por um tiro de fuzil na mão. Em 1938, sondado para juntar-se aos integralistas, o movimento fascista brasileiro, recusou-se. Já brigadeiro, foi responsável pela construção, no Nordeste, de bases aéreas para uso das Forças Aliadas nos esforços da Segunda Guerra. Chegou a autorizar ataques aéreos brasileiros a navios nazistas antes de o país aderir oficialmente ao conflito. Foi lançado candidato à presidência por uma frente antivarguista, em fevereiro de 1945. Era o primeiro militar a anunciar candidatura desde Hermes da Fonseca, e o movimento em torno de seu nome obrigou Getúlio a aceitar um pleito direto para escolha do sucessor. Gomes, que acabou formalizado candidato pela UDN, contou com o apoio de ex-companheiros tenentistas como Juarez Távora, além de partidos que iam da direita à esquerda nas Oposições Coligadas. Teve apoio também de alguns dos principais sindicatos e da União Socialista Popular, grupo de intelectuais importantes de esquerda, como Gilberto Freyre. Getúlio tentou reverter o processo eleitoral, mas acabou apeado por um golpe de Estado, que possibilitou o pleito direto. O brigadeiro contava com os votos das classes médias urbanas enquanto seu adversário, o general Eurico Gaspar Dutra, conseguia maior penetração pelo interior. Dutra havia lutado pelo lado legalista no ataque aos tenentes de Copacabana e era ministro da Guerra de Vargas. Tanto Getúlio quanto Prestes o apoiaram. Uma campanha de difamação por boatos, que atribuiu a Gomes a declaração de que "não precisava dos votos dos marmiteiros", mostrou-se fatal. Em dezembro de 1945, Dutra teve 54% dos votos e Gomes, 34%. A UDN lançou-o novamente à presidência em 1950. Getúlio Vargas elegeu-se com 49% dos votos, Gomes teve 30% e Cristiano Machado, 21%. Quando o major Rubens Vaz, subordinado a Gomes, foi assassinado por um segurança do presidente Getúlio Vargas na tentativa de matar o jornalista Carlos Lacerda, o brigadeiro foi à imprensa. "Para bem da honra da nação", disse, "confio que esse crime não ficará impune." Gomes estava à frente do cortejo de enterro, com milhares o acompanhando. A crise terminou com o suicídio de Vargas. Eduardo Gomes foi ministro da Aeronáutica do governo de Café Filho. Ao fim do mandato, para variar, meteu-se em articulações que discutiam impedir a posse do presidente eleito, Juscelino Kubitschek. Frustraram-se. Eduardo Gomes foi reformado compulsoriamente em setembro de 1960, elevado à patente de marechal do ar. Não se afastou da política. Estava dentro do Palácio Guanabara, acompanhando o governador Carlos Lacerda, quando o presidente João Goulart foi deposto por um golpe militar, em 1964. Ele fizera parte da conspiração ao lado de Lacerda, filho do deputado de esquerda que o inspirara tanto durante a juventude. Voltou a ministro da Aeronáutica no governo do general Humberto Castelo Branco. Esteve entre os defensores de eleições diretas para governador, em 1965, e se pôs contra a cassação de mandatos de parlamentares e o acirramento do regime, no governo de seu companheiro de tenentismo, Artur da Costa e Silva. No início da década de 1970, tornou-se um dos críticos mais vocais de primeira hora da violência nos porões dos quartéis, chegando a descrever publicamente certo oficial como "um insano mental inspirado por instintos perversos e sanguinários sob o pretexto de proteger o Brasil do perigo comunista". Defendeu a candidatura à presidência de um civil, José de Magalhães Pinto, em 1978. Morreu aos 84 anos, em 13 de junho de 1981. Não se casou e jamais teve filhos, segundo alguns por conta do ferimento sofrido em Copacabana.

João Maria Xavier de Brito. Após comandar o levante da Escola do Realengo, em julho de 1922, o coronel Xavier de Brito foi preso. Só foi posto em liberdade após sua condenação, em dezembro de 1926. Havia excedido em mais de dois anos o cumprimento da pena que lhe designaram. Foi indicado para o comando da revolução de Minas, em 1930, mas um derrame cerebral não lhe permitiu participar. Morreu no Rio de Janeiro, em 19 de abril de 1930, aos 64 anos. Por ordem de Getúlio Vargas, foi reformado postumamente com a graduação de marechal.

Miguel Costa. Em abril de 1925, o general Isidoro Dias Lopes passou a Miguel Costa o comando das colunas Paulista e Gaúcha, agora reunidas sob o nome de 1ª Divisão Revolucionária. Costa foi feito general e Luís Carlos Prestes, coronel. O comando contava ainda com os tenentes--coronéis Juarez Távora, João Alberto Lins de Barros e Antônio de Siqueira Campos. Embora Costa estivesse no comando, Prestes era o principal estrategista, e, por isso, o grupo veio a ser chamado pela imprensa de Coluna Prestes. A maioria emigrou para a Bolívia em 3 de fevereiro de 1927. (Desgarrado, o destacamento de Siqueira Campos emigrou para o

Paraguai em 24 de março daquele ano.) Em maio de 1930, participou com Siqueira e João Alberto da reunião em que Prestes deixou o movimento. Em 5 de outubro de 1930, liderou as forças que invadiram São Paulo por Itararé. Desta vez, foram os legalistas que depuseram armas, no dia 24. Entrou na capital paulista em 28 de outubro, desfilando em carro aberto e aplaudido pelo povo. Foi nomeado por Getúlio comandante da Força Pública e, depois, secretário de Segurança. Ele e João Alberto, interventor federal no estado, enfrentaram imensa oposição. Em 9 de julho de 1932, quando explodiu a Revolução Constitucionalista, Costa foi preso em sua residência. Após a derrota dos revoltosos, seu prestígio nunca mais foi o mesmo. Ao lado de Caio Prado Júnior, liderou a partir de 1935 a Aliança Nacional Libertadora (ANL), movimento de esquerda contra o imperialismo, o latifúndio e o fascismo. Prestes era o presidente de honra. Mas, com o acirramento político que tomava o país, Costa e Prestes romperam, não apenas por ideologia, mas principalmente por questões de método. Em 10 de novembro de 1937, quando Vargas instaurou o Estado Novo, cassou a cidadania brasileira de Costa, além de sua patente de general honorário do Exército. Foi preso e nunca mais tornou à política. Em 1959, durante o governo JK, tanto a patente quanto a cidadania lhe foram devolvidas. Miguel Costa morreu em 2 de dezembro de 1959, na véspera do seu aniversário de 85 anos.

Luís Carlos Prestes. Considerado por seus pares o mais apto a liderar a revolução, primeiro da turma na Escola Militar do Realengo, Prestes foi o principal estrategista da Coluna que atravessou o Brasil entre 1925 e 1927. Carismático, sedutor em entrevistas, terminou por ser escolhido pela imprensa da época, que batizou o grupo de Coluna Prestes. O batismo, anos depois, despertou rancores. A Coluna Paulista trazia bem mais homens, armas e munição do que a Coluna Gaúcha, e o comando da 2ª Divisão Revolucionária coube a Miguel Costa. Este, no entanto, ouviu sempre atento as recomendações de Prestes, e, no alto-comando, todos tinham, por ele, imenso respeito. No exílio boliviano, preocupado em conseguir emprego para todos os soldados da Coluna, Prestes assumiu contrato com uma empresa americana e meteu-se em projetos de construir estradas e traçar lotes. O estrategista mergulhou, nos anos seguintes, em uma fase de dedicação ao estudo, no qual foi orientado por Astrojildo Pereira, secretário-geral do Partido Comunista Brasileiro (PCB). A essa altura, já havia sido apelidado, provavelmente por Siqueira Campos, de "cavaleiro da esperança". Em maio de 1930, recebeu em sua casa de Buenos Aires os antigos companheiros Siqueira Campos, João Alberto e Miguel Costa para uma conversa que se tornou dramática porque, além do rompimento político, foi sucedida pelo acidente aéreo que custou a vida de Siqueira. Em 7 de novembro de 1931, acompanhado da mãe e das irmãs, mudou-se para a União Soviética (URSS), onde trabalhou como engenheiro. Seguindo orientação da Internacional Comunista, embarcou para o Brasil no final de 1934 para organizar uma revolução no país. Aproveitou-se da formação da Aliança Nacional Libertadora (ANL), que incluía comunistas, socialistas e democratas de esquerda, para organizar um levante. Seu movimento, assim como o acirramento do fascismo no país, provocou um enrijecimento do governo Vargas, que saiu decretando prisões. Em 1935, Prestes foi eleito para o comitê executivo da Internacional Comunista ao lado de Josef Stalin e Mao Tsé-tung. O coronel Prestes foi preso em 5 de março de 1936, acompanhado de sua mulher, Olga Benário, em uma casa do Méier, no subúrbio do Rio. Grávida, Olga foi entregue à Alemanha nazista. Sua filha, Anita, nasceu na Alemanha, em novembro de 1937. E, judia, Olga morreu em uma câmara de gás do campo de concentração de Bernburg, em abril de 1942. Defenderam a libertação de Prestes nomes como o intelectual francês André Malraux, o poeta chileno Pablo Neruda e o ditador cubano Fulgêncio Batista. Em 1943, ainda preso, foi eleito pelo Partido Comunista Brasileiro seu secretário-geral. Após nove anos de detenção, Luís Carlos Prestes foi finalmente posto em liberdade no ano de 1945. Julgando politicamente adequado, apoiou a candidatura de Eurico Gaspar Dutra para a presidência contra Eduardo Gomes, seu companheiro de revolta em 1922 e 1924. Dutra contava também com o apoio de Getúlio Vargas, que havia entregado sua mulher para os nazistas. Alguns tenentes tentaram aproximações. Frustrados, acusaram Prestes de fazer o jogo político de Vargas. Não houve jeito. Comunistas romperam com o partido, apoiando o brigadeiro. Naquele mesmo ano, ao PCB foi permitido lançar candidatos ao parlamento. Mas, a pedido do próprio PTB, partido getulista, o registro do PCB foi cancelado em 1947 sob o argumento de tratar-se de um grupo internacional a mando de Moscou. Prestes voltou à clandestinidade. Quando, em 1956, Nikita Kruchev denunciou publicamente os crimes políticos de Stalin, o PCB fechou-se em debates internos, liderado por Prestes, acompanhado de João Amazonas e Carlos Marighella. A decisão de se fechar provocou imensa repercussão por quem defendia discussão pública. Prestes baixou decreto proibindo críticas à União Soviética e ao PCUS. O líder do comunismo brasileiro deixou a clandestinidade em 1958 e, no período da presidência João Goulart, defendeu a legalização do PCB e o reatamento das relações diplomáticas com a URSS. Embora movimentos como a Revolução Cubana, de 1959, tivessem enchido de esperança os comunistas, o Golpe Militar de 1964 lançou Prestes novamente na clandestinidade. Após o golpe, viu surgir oposição dentro do partido, por parte de Marighella, que defendia luta armada contra o regime. Foi procurado, em 1966, pelo udenista Carlos Lacerda para que se juntasse a à Frente Ampla pela transição para um regime democrático. O movimento contava com o apoio de ex-presidentes como Jango e JK. Prestes queria abraçá-la, mas os grupos mais radicais do partido o impediram. Em 1966, o racha do PCB foi inevitável, e um grupo o deixou para dedicar-se à guerrilha. O Velho, como era chamado, já vivera um processo assim e, naquele momento, não acreditava em sua eficácia. Deixou o país em fevereiro de 1971, rumo a Moscou, para evitar a prisão. Retornou com a Lei de Anistia, em 20 de outubro de 1979. Chegou a flertar com uma filiação ao Partido dos Trabalhadores (PT), em 1982, mas terminou ligando-se a Leonel Brizola e seu PDT, enquanto defendia a legalização do PCB. Quando Tancredo Neves foi eleito indiretamente para a presidência, em 1985, Prestes criticou os partidos de esquerda que o apoiaram argumentando que se fazia o serviço da ditadura. Mas elogiou as conquistas sociais da Constituição de 1988. Publicamente, defendeu tanto a *glasnost* quanto a *perestroika*, políticas de abertura da União Soviética de finais dos anos 1980. Mas, intimamente, era crítico. Em 1989, fez campanha para a candidatura de Brizola à presidência e, no segundo turno, apoiou Luiz Inácio Lula da Silva contra Fernando Collor de Mello. Morreu em 7 de março de 1990, aos 92 anos, mesmo dia em que a Justiça Eleitoral concedeu registro definitivo ao PCB. A União Soviética não mais existia. E o partido ao qual tanto se havia dedicado, mas com o qual rompera, mudaria de nome para PPS.

Juarez Távora. Comandante de um dos destacamentos da Coluna Prestes, foi preso por tropas legalistas em dezembro de 1925. Dividiu cela com Eduardo Gomes. Em janeiro de 1927, conseguiu escapar e seguiu para o exílio. Em Buenos Aires, viveu em um porão com João Alberto, Siqueira Campos e alguns outros. Caiu preso em janeiro de 1930, quando preparava-se para articular a revolução no Nordeste. Escapou pela segunda vez da cadeia, em fevereiro. Embora convocado para a conversa na qual Prestes anunciou o rompimento com o grupo, não foi. Rompeu com seu amigo publicamente em junho, e em outubro chefiou a revolução no Nordeste. Assumiu o Ministério da Agricultura em dezembro de 1932. Defendeu, na Assembleia Constituinte, o sufrágio universal direto para eleições municipais e foi responsável pela criação do Instituto Brasileiro de Geografia e Estatística (IBGE). Passou a década de 1940 e metade dos anos 1950 dentro do Exército. Nesse período, chegou a general e defendeu que o petróleo devia ser explorado por quaisquer empresas, nacionais ou não, em desacordo com todos os seus companheiros dos anos 1920.

Em agosto de 1954, assinou com outros generais um manifesto exigindo o afastamento de Getúlio Vargas do poder. Foi um dos antecedentes do suicídio de Vargas, que deixou Juarez horrorizado e o fez jurar a si mesmo nunca mais se envolver em conspirações militares contra políticos eleitos. Foi chefe do Gabinete Militar da presidência no curto período de Café Filho no poder. Sofreu novas críticas por parte da esquerda por ter assinado acordos atômicos com os Estados Unidos. Foi candidato à presidência contra Juscelino Kubitschek pelo Partido Democrata Cristão (PDC), com apoio da União Democrática Nacional (UDN) e do Partido Libertador (PL). JK venceu o pleito com 34% dos votos contra 29% de Juarez. Chegou a se envolver numa briga judicial para anular votos que considerava fraudados, mas, quando um grupo de militares tentou articular um golpe para impedir a posse do presidente eleito, afastou-se. Era contra. Já na reserva, foi eleito deputado federal em 1962. Não participou da conspiração que levou ao golpe de 1964, mas esteve entre os redatores do Ato Institucional nº 1, que determinava a eleição indireta para presidente naquele ano, e foi ministro da Viação e Obras Públicas no governo Castelo Branco. Seu último cargo público. Morreu no Rio de Janeiro, aos 77 anos, em 18 de julho de 1975.

João Alberto. Após partir para o exílio acompanhando Prestes, em 1927, João Alberto decidiu tornar ao Brasil com Siqueira Campos para reiniciar a conspiração contra a República Oligárquica. Estava no avião em que morreu seu amigo. O trabalho de ambos terminou com a revolta vitoriosa de outubro de 1930 que levou Getúlio Vargas ao poder. João foi o interventor federal no estado de São Paulo, assumindo seu governo. Na instabilidade dos anos seguintes, rompeu com Miguel Costa e renunciou ao cargo, ato que culminou com a explosão da Revolução Constitucionalista de 1932. Perdeu o apetite para lutas e ocupou cargos burocráticos, além de atuar como diplomata nos EUA, América Latina e Genebra. Em 1942, chefiou a Coordenação de Mobilização Econômica, com atribuições equivalentes às de um superministério que definiria toda a política econômica brasileira no período da Guerra. Em 1945, João Alberto apoiou a candidatura do general Eurico Gaspar Dutra contra seu companheiro, Eduardo Gomes. Foi vereador no Rio, Distrito Federal, pelo Partido Trabalhista Brasileiro (PTB), e ocupou inúmeros cargos após o retorno de Vargas ao poder. Chefiou o Departamento Econômico e Consular do Ministério das Relações Exteriores, criou e presidiu o Centro Brasileiro de Pesquisas Físicas (CBPF) e esteve entre os criadores da Fundação Getúlio Vargas (FGV). Presidiu a Orquestra Sinfônica Brasileira e fundou o tradicional Clube Carnavalesco Bola Preta. Morreu aos 57 anos, em 26 de janeiro de 1955.

João Cabanas. Após o exílio, que iniciou em 1925 acompanhando o general Isidoro, Cabanas voltou ao Brasil para se engajar nas conspirações de 1930. Passou à reserva como tenente-coronel, em 1935, e militou contra o fascismo durante aquela década, juntando-se à Aliança Nacional Libertadora de Miguel Costa e Luís Carlos Prestes. Embora tenha se colocado em oposição ao Estado Novo, apoiou a candidatura de Getúlio Vargas à presidência, em 1950. Eleito suplente, foi brevemente deputado federal pelo Partido Trabalhista Brasileiro (PTB), entre 1953 e 54. Morreu aos 78 anos, em 27 de janeiro de 1974.

Newton Estillac Leal. Um dos mais engajados da revolta paulista, Estillac Leal fez parte do grupo que partiu para o exílio, em 1925, acompanhando o general Isidoro. Na Revolução de 1930, lutou ao lado de João Alberto nas vitórias do Rio Grande do Sul, Paraná e Santa Catarina. Comandava uma unidade no Rio de Janeiro, em 1935, que resistiu ao levante comunista tentado por Luís Carlos Prestes. Já como general, comandou as bases militares brasileiras no Recife e em Natal que fizeram parte do esforço de Guerra. Era agressivamente antifascista. Presidiu o Clube Militar entre 1950 e 1951, cargo que deixou para assumir o Ministério da Guerra, com a eleição de Vargas. Saiu em 1952. Morreu em 1º de maio de 1955, no Rio de Janeiro, aos 61 anos.

Isidoro Dias Lopes. Mesmo no exílio, o general Isidoro não deixou um único momento de acompanhar os caminhos da Coluna. Antes de decidir pelo próprio exílio, Miguel Costa e Luís Carlos Prestes o consultaram. Consideravam-no seu líder mesmo à distância. Isidoro pediu para que esperassem um pouco, enquanto tentava organizar novo levante, no Rio Grande do Sul. Foi elevado à patente de marechal da revolução pelo conjunto de oficiais que lutaram sob seu comando e reintegrado ao Exército em um dos primeiros decretos assinados por Getúlio Vargas. A Isidoro, o novo presidente ofereceu a patente de marechal, mas ele a recusou, dizendo já ter o título que sentia merecer. Pôs-se em oposição a João Alberto e Miguel Costa no comando de São Paulo, argumentando que estavam radicalizando. Foi um dos articuladores e líderes da Revolução Constitucionalista de 1932 e, após a derrota, terminou deportado para Portugal a bordo do navio que, ironicamente, havia sido batizado *Siqueira Campos*. Anistiado, tornou ao Brasil em 1934, mantendo-se em oposição ao governo Vargas. Morreu no Rio de Janeiro, em 27 de maio de 1949, aos 83 anos.

João Francisco Pereira de Sousa. Ainda antes de seu exílio no Uruguai, em 1925, o caudilho João Francisco rompeu com o general Isidoro, que o acusava de ter-se apropriado de dinheiro da Coluna. Apoiou o movimento que levou Vargas ao poder, em 1930, e lutou na resistência à Revolução Constitucionalista de 1932. Foi transferido para a reserva em 1936, com a patente de tenente-coronel. Apoiou euforicamente o golpe que instituiu o Estado Novo. Morreu em 4 de maio de 1953, em São Paulo, aos 87 anos.

Os tenentes e 1964

Taí um período estranho de nossa história, este dos tenentes. Meio ignorado. A República Velha toda é meio ignorada. Educado entre finais da década de 1970 e início da de 1990, devo ter tido uma meia dúzia de aulas, se tanto, sobre a época de Deodoro a Vargas. Café com leite, oligarcas, Semana de Arte Moderna, umas revoltas pelo meio, basta. Aquele tempo nem antigo o bastante para ser exótico, nem próximo o suficiente para ser há pouco. Aquela gente se espalha pelos nomes de nossas cidades, ruas, monumentos, e assim torna-se familiar. Repetimos a toda hora seus nomes, mas não pensamos no retrato em preto e branco. Pensamos nas referências geográficas. Sabemos que tiveram algum tipo de importância. Alguma importância.

O evento recente definidor da história do Brasil foi o golpe que apeou do poder João Goulart, em 31 de março ou 1º de abril de 1964, cada um escolhe sua data. As cicatrizes daquele momento ainda estão vivas, ainda norteiam como tantos de nós medimos política. Aquele ano, 1964, não virou história ainda. É política corrente. Mas aquele golpe não nasceu do governo Jango, não nasceu da renúncia de Jânio, do suicídio de Vargas. Nasceu quando, em 7 de julho de 1922, quatro tenentes, alguns soldados e um civil desceram a avenida Atlântica para um suicídio ritual. "A mim

Siqueira Campos, Eduardo Gomes e Juarez Távora sempre me pareceram samurais perdidos no Brasil",[1] escreveu o ex-governador baiano Juracy Magalhães. Tinham mesmo um quê de samurais, no ímpeto suicida norteado por um senso de honra, com o qual se lançaram à luta. Não foi o levante inspirado por um indeciso Hermes da Fonseca que virou mito. Foi seu desfecho. Foi a obstinação que levou aqueles rapazes a uma espécie brasileira de harakiri. Em Copacabana. Em São Paulo. No Rio Grande do Sul. Por todo o Brasil.

Nos anos anteriores à explosão tenentista, em 1922, algumas mudanças ocorreram nas Forças Armadas. Houve o contato para o treinamento de jovens oficiais com os exércitos de Prússia e França. O marechal Hermes da Fonseca foi o maior defensor deste movimento. Imediatamente antes da Guerra Mundial de 1914, o Exército teve sua primeira geração de intelectuais militares. Existiram estudiosos antes, mas eram literatos. Gente que pensasse a guerra com sofisticação, não havia. O resultado é que os militares, no campo de batalha, tornavam-se violentos carniceiros. O uso de tática ou estratégia para limitar o sangue e ampliar as possibilidades de vitória era ignorado. Além disso, houve a campanha do poeta Olavo Bilac, que, durante o conflito europeu, defendeu o serviço militar obrigatório. Hoje parece um retrocesso. No tempo, era o contrário. Representava a capacidade de o Exército ter algum controle sobre os recrutas que recebia. No mesmo período, aqueles jovens oficiais tiveram outra vitória. Foi o fim da Guarda Nacional, que distribuía entre latifundiários ou gente politicamente conectada patentes militares que lhes permitia formar tropas. Até hoje apelidamos os velho oligarcas de coronéis, herança deste tempo em que o Estado de fato lhes outorgava o título.

Esta geração profissionalmente treinada ganhou o apelido de jovens turcos, pois, além da influência europeia, mirava o exemplo de como militares otomanos aproveitaram-se de seus próprios estágios no Exército alemão, tornando-se reformadores de todo o país. Mustafa Kemal Atatürk, o general-presidente fundador da Turquia, defendia uma doutrina pela qual os interesses da nação e os das Forças Armadas confundiam-se. Nenhuma instituição seria mais dedicada à pátria do que aquela composta de homens decididos a perder suas vidas pela defesa nacional, se assim fosse necessário.

Antônio de Siqueira Campos, Luís Carlos Prestes e Eduardo Gomes fizeram parte da primeira turma formada dentro do Exército pelos jovens turcos. Entraram na Escola Militar do Realengo em 1916 e a deixaram em 1918. Aqueles capitães e coronéis transformadores eram seus professores. A maioria dos generais, não. Vinham doutros tempos. A carnificina de São Paulo, em 1924, ponha-se na conta daquele velho Exército e daquela República Velha. Humberto Castelo Branco e Artur da Costa e Silva, os dois generais-presidentes que seguiram o golpe de 1964, iniciaram seus estudos no Realengo em 1918, formando-se em 1920. No ano de 1922, Castelo servia como segundo-tenente em Belo Horizonte, onde não houve levante. Costa e Silva estava na Vila Militar, entre os rebeldes, e terminou preso. Emílio Garrastazu Médici (formou-se em 1927) e Ernesto Geisel (1928) foram educados sob a mística dos 18 do Forte e da Coluna Prestes. A mística da Coluna, para os jovens oficiais, foi imensa, um marco geracional. E João Baptista de Figueiredo, o mais jovem presidente do regime de exceção, era filho do general Euclides de Figueiredo, ele próprio um jovem turco.

Em outubro de 1930, os tenentes participaram da mobilização armada que levou Getúlio Vargas ao poder. Não foi como 1922, 1924 ou a Coluna. Não estava, ali, o tenentismo puro. Havia uma aliança. Eles se juntaram, dando necessário apoio militar, a um movimento político que se ensaiava desde as eleições de 1922. Aqueles jovens oficiais de Copacabana demonstravam evidente insatisfação com a República do Café com Leite iniciada no governo Prudente de Moraes, ainda no século XIX. A alternância entre paulistas e mineiros no poder deixava cada vez mais gente incomodada. Outros oligarcas em estados importantes, mais notadamente o Rio Grande do Sul, se movimentavam. Os oligarcas de fora do eixo São Paulo-Minas compreenderam ao longo da década de 1920 que, para ter acesso ao poder federal, a República Oligárquica que haviam defendido até ali teria de acabar. Toda dinâmica política mudaria. O destino era incerto, mas mudar tornara-se inevitável.

O Rio Grande do Sul é importante. A Coluna Prestes não saiu de lá, mas pôde existir porque os gaúchos se levantaram para apoiar os rebeldes paulistas. Levantaram-se eles, e não outros, por conta de uma cultura local muito particular. Sua política bipartidária entre blancos e colorados, a tendência a revoltas constantes e um cotidiano militaresco criaram um ambiente especial. Dos cinco presidentes da ditadura, três eram gaúchos. Golbery do Couto e Silva, o militar mais importante do regime que não chegou à presidência, igualmente gaúcho. Osvaldo Cordeiro de Farias, que durante a Coluna Prestes tornou-se par de Siqueira Campos e de João Alberto, também era gaúcho. Foi um dos articuladores-chave do golpe de 1964.

Não é possível entender o Brasil republicano sem entender o tenentismo. Não haveria 1930 sem o tenentismo. Não haveria 1964 sem o tenentismo. Duas ditaduras. Uma com tons de esquerda por conta de seu histórico de direitos trabalhistas, a outra marcada pela direita em sua oposição irracional ao comunismo. Ditaduras à parte, aquilo contra o que se levantaram os tenentes era legítimo. Por mais confusa que fosse sua plataforma — e era —, pregavam fundamentalmente a ampliação da democracia.

Mas há uma armadilha aí. Porque o que legitimava seu movimento era o credo dos jovens turcos: os interesses da nação e os das Forças Armadas confundem-se. Os membros das Forças Armadas não se percebem submetidos aos poderes constituídos da República como uma instituição dedicada a sua defesa. Percebem-se como os interesses da nação encarnados. A República Velha, sustentada por eleições fraudadas, em que o poder era concentrado nas mãos de oligarquias que não tinham planos de ceder o comando, precisava ser interrompida para que a democracia pudesse respirar e enfim se estabelecer. Mas o método, que apenas talvez fosse justificado naquele momento, se consolidou e inspirou por várias décadas a maneira como muitos militares se compreendiam. O contexto do Brasil mudou inúmeras vezes desde 1922, mas a ideia de que seria legítimo apear governantes do poder se instalou no Exército nacional.

Para mudar, foi preciso que duas ditaduras deixassem um rastro de sangue em seus porões. Uma civil, a outra militar, ambas instituídas pelo espírito herdado do tenentismo.

Essa não é uma questão ideológica, não no sentido político da palavra. Ideologicamente, não é possível definir os tenentes. Podem ter inspirado ditaduras, mas o que tinham em comum era exigir eleições honestas e, se não abertas a todos, certamente com o direito de voto mais bem distribuído. Exigiam o fim de uma ditadura branca na qual quem detinha o poder determinava o sucessor. Falaram também com constância em direitos trabalhistas e liberdade de imprensa. Em acesso à Justiça para todos. Muitas vezes de forma implícita, pregavam um país no qual, pelo caminho da educação, cada pessoa teria oportunidade de crescer. Falavam, essencialmente, num Brasil democrático. Na prática, porém, demonstraram acreditar em autoridade e imposição. A seus subordinados, muitas vezes davam ordens, não explicavam. Talvez cobrar-lhes um comportamento distinto não seja justo. Eram militares e, mesmo na democracia, numa estrutura militar há hierarquias e ordens.

Eram pobres, alguns, e de classe média baixa, outros. Haviam sido educados com sacrifício por pais esforçados. Gente como eles só tinha um caminho: a Escola Militar do Realengo. Só lá poderiam fazer um curso superior e receber um soldo. Era, justamente por isso, uma escola disputadíssima. Não bastava estar entre os melhores, era preciso ainda driblar as vagas cedidas a quem tinha indicações. Quase todos os tenentes estavam entre os melhores de suas turmas. Eram, todos, muito inteligentes. E a história de suas vidas dava mostras de quão injusto era o Brasil oligárquico que lhes fechava tantas portas.

Não bastasse, eram jovens. Em todo o período de seus levantes tiveram menos de 30 anos, e este não é um mero detalhe. Porque boa parte de sua leitura política ocorreu após o espasmo da revolta. Mas, principalmente, porque o ímpeto da juventude atrás de ideais pesa no comportamento de todas as gerações. O tenentismo foi um movimento jovem, com todo o romantismo e idealização que lhe cabe.

Aliás, não basta apenas o argumento do ímpeto de jovens de todos os tempos. É preciso levar-se em conta o ímpeto dos jovens daquele tempo específico. Porque os anos 1920 foram muito particulares, neles se buscou emoção como em raras décadas.

Blaise Cendrars, o poeta suíço que os modernistas paulistanos ciceroneavam pela cidade quando foram tomados de surpresa pela revolta de 1924, não tinha um braço. Perdera-o por ferimento de guerra, quando servia na Legião Estrangeira francesa. *Sob duas bandeiras*, romance que narra a história de um homem que tenta redimir-se de um crime alistando-se na mesma Legião Estrangeira e se apaixona em Argel, é outro caso. Ressoou com tal intensidade na cultura que foi transformado em filme não uma, mas duas vezes naqueles anos: em 1916, com remake em 1922. Na primeira versão, a sensual Theda Bara incorporava a heroína. Jamais um conflito armado havia sido tão documentado como a Primeira Guerra. Todos viram fotos e filmes do horror que se praticara nas trincheiras. E, ao mesmo tempo, nunca um conflito militar havia sido tão romantizado. O sacrifício pela pátria, por ideais, o alistar-se por um amor impossível, eram temas constantes da literatura popular e do cinema. Quando, já bem velho, um dos tenentes do Forte de Copacabana sugeriu a pesquisadores da Fundação Getúlio Vargas que a frustração de não terem lutado na Grande Guerra influenciara no levante, estava falando sério. Siqueira Campos, antes de partir para a marcha louca dos 18 do Forte, dedicou seu sacrifício escrevendo num retalho da bandeira "àquela que não posso dizer", a sua namorada oculta, amor impossível, Rosalina Coelho Lisboa. Partir romanticamente para a guerra justa persistiu como um ideal nas décadas seguintes, como no caso do notável exemplo do flanco à esquerda da Guerra Civil Espanhola, que atraiu voluntários de toda parte do mundo. A Coluna Prestes foi, a sua maneira, algo assim. Rapazes em busca de aventura, envoltos por romantismo, querendo com sinceridade abraçar a causa certa. "Uma aventura de jovens", disse francamente Prestes, ele mesmo, entrevistado no *Roda Viva*, em 1986.

E os gestos coletivos deles todos, sem que pudessem prever, definiram o século XX brasileiro. Não adianta buscar neles uma chave ideológica. Não é possível encontrá-la nem para cultuar, nem para acusar. Porque, depois da juventude, ideologicamente eles se espalharam por todos os lados.

Luís Carlos Prestes tornou-se comunista após a Coluna. Sua decisão teve imenso impacto. O nome Prestes tinha um peso mítico, em princípios dos anos 1930, por simbolizar aquela travessia de 25 mil quilômetros país adentro. Ao abraçar a Internacional Comunista, redefiniu a esquerda radical brasileira. O anarquismo tinha força antes de Prestes. Sua visão de movimento, aliada à crescente influência soviética, não só afastou a esquerda radical do operariado, buscando apoio de intelectuais e militares, como a redefiniu segundo os preceitos da URSS. Comunista doutrinário, incapaz de temperar a convicção política com um quê da própria vida, Prestes deixou a prisão para apoiar Getúlio mesmo após nove anos de encarceramento e, pior, a deportação para a Alemanha nazista de sua mulher, Olga. Que era judia. Que estava grávida. Teve impacto cada vez menor até desaparecer, em meados dos anos 1980, quando sua influência pessoal e, principalmente, a da União Soviética desandaram.

Prestes não era o único homem de esquerda entre os tenentes. Joaquim Távora, que não era comunista, enxergava o Brasil dos anos 1920 pela ótica da luta de classes. Socialista, morto em 1924, não é possível saber que caminho seguiria. Mas já era um homem maduro que havia lido muito. Suas convicções nasciam de reflexão intelectual. João Alberto tornou-se getulista, abraçando o trabalhismo, uma versão da esquerda com sincera preocupação por condições dignas para o trabalhador, misturada a pitadas de demagogia e franca tolerância com a ditadura do Estado Novo. De certa forma, embora pernambucano, incorporou o espírito maragato da família de sua mulher. Miguel Costa, que começou por caminho similar, logo se indispôs com o autoritarismo varguista. Como se indispôs com o dogmatismo de Prestes. É verdade que Prestes era o estrategista. Mas há um quê de injusto em chamar a coluna por seu nome. Miguel foi o homem que não desistiu. Foi quem veio desde São Paulo. Era ele o general. Miguel foi, também, o homem que mais cedo desistiu da política, mudando-se para o interior paulista, onde fez dinheiro com imóveis.

A esquerda não foi o único caminho. Eduardo Gomes, calado que era, tornou-se um homem pessoalmente conservador. É muito fácil ler seu partido, a UDN, com as lentes da direita golpista que a marcou após o lacerdismo de 1964. Mas, nos anos 1940, mais do que um partido, era uma rede. Uma frente de grupos com todos os matizes ideológicos que resistiam ao Estado Novo, à censura, à falta de liberdades e à violência nos porões do regime Vargas. Mas não foi à toa que a máquina de propaganda do PTB conseguiu colar, entre os trabalhadores, a percepção de que o brigadeiro era elitista. Foi um candidato das classes médias urbanas. Isto pode ser um mérito. Por outro lado, as questões dos trabalhadores, que tanto ressoaram para muitos de seus companheiros, não parecem tê-lo comovido. Para um político, é um ponto cego e uma fraqueza em eleições. E Gomes não era demagogo, não sabia fingir ser outra coisa além do homem de centro-direita que foi. Mas houve um traço que, independentemente da ideologia, o uniu a Prestes até o fim. Nenhum dos dois era democrata. Conspiraram contra inúmeros governos até o fim. Se a acusação de golpista é injusta para aquela UDN inicial, não o era para o brigadeiro.

Juarez Távora, muito por conta de seu catolicismo rígido, foi um homem cuja vida o levou para a direita de Eduardo Gomes. Não foi fascista — nenhum deles o foi. Mas se, entre os tenentes, Prestes foi o mais de esquerda, Juarez estava do lado diametralmente oposto. Seu caso chama atenção por dois motivos. Um porque seguia com fascínio e amor o irmão Joaquim, o socialista mentor daqueles jovens militares. A sua foi, com a de Prestes, a virada ideológica mais brusca. Além disso, de todos os sobreviventes do tenentismo que passaram dos 60 anos de idade, foi o que com mais clareza exprimiu desconforto com as frequentes conspirações. Suas dúvidas éticas não eram absolutas. Não conspirou contra João Goulart, embora tenha sido ministro no governo Castelo Branco. Mas certamente havia perdido muito do apetite para as interrupções da democracia que marcaram a república brasileira até 1985.

E resta Siqueira Campos.

A moça que namorava em 1922, Rosalina Coelho Lisboa, tornou-se na década seguinte um nome importante do braço de apoio integralista do regime Vargas. Fascista. Rosalina circulou o país fazendo palestras sobre Siqueira, cuja memória tratava com devoção ímpar. Nos anos 1950, escreveu um romance que o tinha como protagonista. Pretendeu torná-lo um dos grandes heróis nacionais. Seria muito injusto sugerir que Siqueira, por conta de quem mais falou dele após sua morte trágica, pudesse simpatizar com o fascismo. Nada do que falou ou fez sugere qualquer atração. É verdade que ele rejeitou a aproximação do amigo Prestes do comunismo. Mas todos o fizeram. Mesmo no fim da vida, Prestes sempre lembraria de Siqueira com palavras de carinho. Talvez porque tenha morrido cedo, Siqueira foi a unanimidade que restou entre eles. Todos lembravam dele como um amigo atento. Ainda cadete, manifestara horror pela maneira como eram tratados os operários no Brasil. Mas é difícil atribuir ideologia ao que pode ter sido apenas um exercício de empatia. No movimento, quem lhe inspirava respeito não o fazia pelo que pensava, e sim por demonstrações de lealdade, integridade e coragem. Neste sentido, pensava com cabeça fundamentalmente militar. No exílio, teve amigos próximos entre diplomatas brasileiros — ou seja, representantes do governo que combatia. Começou radical, foi se tornando mais flexível e tolerante.

Um homem doce e introspectivo. Houve quem o descrevesse, no exílio uruguaio, assistindo sozinho a filmes no cinema, um após o outro, num refúgio para pensar. E sempre com o senso de humor afiado, irônico. Sinal de gente crítica. Siqueira Campos, o maior ícone dos 18 do Forte e que, por um instante, não apareceu na foto icônica da caminhada suicida. Talvez, quem sabe, não se tornaria o mais democrata entre os seus.

Ora, quem sabe?

Agradecimentos

Este livro não seria possível sem o trabalho de duas instituições brasileiras fundamentais. A Fundação Getulio Vargas (FGV) e a Biblioteca Nacional (BN).

O Centro de Pesquisa e Documentação de História Contemporânea do Brasil (CPDOC) da FGV tem um imenso acervo disponível na internet. Inclui resumos biográficos de boa parte dos personagens deste livro, entrevistas aprofundadas, documentos e fotografias.

A Hemeroteca Digital da BN, de sua parte, torna público, também online, o acervo de inúmeros jornais brasileiros. Não só as imagens das páginas, mas também os textos foram cuidadosamente digitalizados. Isso nos permite fazer buscas, encontrar não apenas o jornal do dia, mas muitas vezes depoimentos feitos por alguns dos personagens muitos anos depois.

Escrever história tornou-se mais fácil por conta de ambas.

Tanto alguns tenentes como gente próxima àqueles acontecimentos escreveram memórias, descreveram cenas, diálogos. Foram fundamentais na reconstrução que ocorreu nas últimas páginas. Nair de Tefé, Laurita Pessoa, Juarez Távora, João Cabanas, João Alberto, Abílio de Noronha, Paulo Duarte, José Carlos de Macedo Soares, Nelson Tabajara de Oliveira e Lourenço Moreira Lima são apenas alguns dos exemplos mais evidentes. Não foram só eles. Gente boa pesquisou este tema antes. Hélio Silva é um nome fundamental. Edgard Carone, outro.

Na imprensa, temos o hábito de repetir o clichê de que escrevemos o primeiro rascunho da história. Como dependi de meus colegas jornalistas daquele tempo. Faziam jornais diferentes, que carregavam forte nas tintas das disputas políticas. Mas eram descritivos, que olhos atentos para detalhes. Não havia rádio, muito menos televisão, e por isso jornais e revistas descreviam sessões no parlamento, reuniões de ministério, transcreviam discursos inteiros, faziam de tudo para que o leitor, mais do que conhecer os fatos, se sentisse ali. Meu objetivo foi trazer à vida os anos 1920. Se tive algum sucesso foi por conta de repórteres quase sempre anônimos que registraram a história um dia após o outro, sem nunca imaginar que quase cem anos depois seu texto meio descartável serviria tanto a alguém.

Não é só de informação que se faz um livro. Laura, Tomás e Felipe tiveram paciência enquanto o pai se fechava no escritório por longas horas, às vezes dias inteiros. Um livro é, fundamentalmente, trabalho de esforço. Toma tempo, exige dedicação. Não tenho como lhes devolver este tempo. Foi algo que me deram. Não têm ideia de como lhes sou grato.

Marina Gomara já sabe quanto custa em tempo e esforço um livro. Para ela, não é só a atenção do marido que perde. É também trabalho, e muito, que por semanas ininterruptas ela acumula sem ter com quem dividir. Este, aqui, é fruto de meu trabalho e do dela. Desconfio que, essa conta, nem amor deve pagar. Mas, por via das dúvidas, vou sustentando no discurso enquanto cola. E ela, que é mais generosa do que se permite acreditar, vai fingindo que concorda.

Rio de Janeiro, Gávea, fevereiro de 2016.

Notas e referências bibliográficas

Antes: a ressaca

1. *Correio da Manhã*, 16 de julho de 1921.
2. *Correio da Manhã*, 15 de julho de 1921.
3. *Correio da Manhã*, 17 de julho de 1921.
4. *Correio da Manhã*, 18 de julho de 1921.
5. *Correio da Manhã*, 9 de janeiro de 1921.
6. Freyre, Gilberto. *Ordem e progresso*. Rio de Janeiro: Record, 1990.

Capítulo 1

1. Tefé, Nair de. *A verdade sobre a Revolução de 22*. Rio de Janeiro: Gráfica Portinho Cavalcante, 1974.
2. Fonseca Filho, Hermes da. *Marechal Hermes:* dados para uma biografia. Rio de Janeiro: IBGE, 1961.
3. Freyre, Gilberto. *Ordem e progresso*. Rio de Janeiro: Record, 1990.
4. *Gazeta de Notícias*, 5 de novembro de 1920.
5. Tefé, Nair de. *A verdade sobre a Revolução de 22*. Rio de Janeiro: Gráfica Portinho Cavalcante, 1974.

6. Pandiá Calógeras, João. *Formação histórica do Brasil*. São Paulo: Companhia Nacional, 1966.

Capítulo 2

1. Gabaglia, Laurita Pessoa Raja. *Epitácio Pessoa (1865-1942)*. Rio de Janeiro: José Olympio, 1951.
2. *Correio da Manhã*, 9 de novembro de 1920.
3. *Correio da Manhã*, 7 de novembro de 1920.
4. *A Noite*, 9 de novembro de 1920.

Capítulo 3

1. Tefé, Nair de. *A verdade sobre a Revolução de 22*. Rio de Janeiro: Gráfica Portinho Cavalcante, 1974.
2. Benchimol, Jaime Larry. *Pereira Passos*: um Haussmann tropical. Rio de Janeiro: Secretaria Municipal de Cultura, 1992.
3. Santos, Araci Alves. *Terra encantada*: a ciência na Exposição do Centenário da Independência do Brasil. Rio de Janeiro: UFRJ, 2010. Dissertação (Mestrado em História das Ciências, das Técnicas e Epistemologia).
4. O'Donnell, Julia. *A invenção de Copacabana*. Rio de Janeiro: Zahar, 2013.
5. *Correio da Manhã*, edições de novembro de 1920.
6. Tefé, Nair de. *A verdade sobre a Revolução de 22*. Rio de Janeiro: Gráfica Portinho Cavalcante, 1974.

Capítulo 4

1. Pessoa, Epitácio. *Pela verdade*. Rio de Janeiro: Livraria Francisco Alves, 1925.
2. *Correio da Manhã*, 27 de abril de 1921.
3. Tefé, Nair de. *A verdade sobre a Revolução de 22*. Rio de Janeiro: Gráfica Portinho Cavalcante, 1974.

4. *Gazeta de Notícias*, 27 de abril de 1921.
5. Fonseca Filho, Hermes da. *Marechal Hermes*: dados para uma biografia. Rio de Janeiro: IBGE, 1961.
6. *Gazeta de Notícias*, 28 de abril de 1921.

Capítulo 5

1. *Correio da Manhã*, 13 de maio de 1921.
2. Freyre, Gilberto. *Perfil de Euclides e outros perfis*. São Paulo: Global Editora, 2011.
3. *Correio da Manhã*, 27 de fevereiro de 1921.
4. *Correio da Manhã*, 30 de abril de 1921.

Capítulo 6

1. *Correio da Manhã*, 3 de junho de 1921.
2. Almeida e Silva, Leandro de. *O discurso modernizador de Rui Barbosa*. Juiz de Fora: UFJF, 2009. Dissertação (Mestrado em História).
3. Reale, Miguel. *Posição de Rui Barbosa no mundo da filosofia*. Rio de Janeiro: Casa de Rui Barbosa, 1949.
4. Laidler de Souza, Christiane. "Nossa águia em Haia". Disponível em: *http://www.revistadehistoria.com.br/secao/artigos/nossa-aguia-em-haia*

Capítulo 7

1. Pessoa, Epitácio. *Pela verdade*. Rio de Janeiro: Livraria Francisco Alves, 1925.
2. Freyre, Gilberto. *Ordem e progresso*. Rio de Janeiro: Record, 1990.
3. *Correio da Manhã*, 14 de junho de 1921.
4. *Correio da Manhã*, 8 de junho de 1921.
5. *Correio da Manhã*, 27 de junho de 1921.

Capítulo 8

1. Werneck Sodré, Nelson. *História da imprensa no Brasil*. Rio de Janeiro: Mauad, 1999.
2. Bosisio Quental, Irene. *Flor de obsessão*: as reportagens policiais do jovem Nelson Rodrigues. Rio de Janeiro: PUC-Rio, 2005. Dissertação (Mestrado em Letras).
3. Lima Barreto, Afonso Henriques de. *Recordações do escrivão Isaías Caminha*. São Paulo: FTD, 2012.
4. Lessa Torres, Pedro Henrique. *A estratégia política do Correio da Manhã na campanha presidencial de 1922*. Rio de Janeiro: Uerj, 2010. Dissertação (Mestrado em História Política).
5. Silva, Hélio. *1922*: sangue na areia de Copacabana. Rio de Janeiro: Civilização Brasileira, 1971.
6. *Jornal do Brasil*, 10 de outubro de 1921.

Capítulo 9

1. *O Imparcial*, 26 e 27 de janeiro de 1922.
2. Fonseca Filho, Hermes da. *Marechal Hermes*: dados para uma biografia. Rio de Janeiro: IBGE, 1961.
3. *O Malho*, 18 de fevereiro de 1922.
4. *O Malho*, 25 de fevereiro de 1922.
5. *Gil Blas*, 10 de novembro de 1921.
6. Tefé, Nair de. *A verdade sobre a Revolução de 22*. Rio de Janeiro: Gráfica Portinho Cavalcante, 1974.
7. *O Malho*, 3 de março de 1922.
8. *O Paiz*, 27 e 28 de fevereiro de 1922.
9. Silva, Hélio. *1922*: sangue na areia de Copacabana. Rio de Janeiro: Civilização Brasileira, 1971.
10. Chevalier, Tenente. *Memórias de um revoltoso ou legalista?* Niterói: Gráfica Victoria, 1927.
11. Rocha, Pedro. *Revoluções estéreis*. São Paulo: [s. n.], 1952.

12. Tefé, Nair de. *A verdade sobre a Revolução de 22*. Rio de Janeiro: Gráfica Portinho Cavalcante, 1974.
13. Vicente, Sargento João. *Revolução de 5 de Julho*. Rio de Janeiro: [s. n.], 1925.

Capítulo 10

1. *O Paiz*, 12 de julho de 1925.
2. Melo Franco, Virgílio A. de. *Outubro, 1930*. Rio de Janeiro: Nova Fronteira, 1980.
3. *O Jornal*, 12 de junho de 1925.
4. Melo Franco, Virgílio A. de. *Outubro, 1930*. Rio de Janeiro: Nova Fronteira, 1980.
5. *O Jornal*, 12 de junho de 1925.
6. *Gazeta de Notícias*, 5 de agosto de 1922.
7. *O Jornal*, 17 de junho de 1925.
8. *O Jornal*, 24 de junho de 1925.
9. *O Jornal*, 20 de outubro de 1925.
10. *O Jornal*, 13 de junho de 1925.
11. *O Jornal*, 12 de junho de 1925.
12. Azevedo, Aroldo de. *Arnolfo Azevedo, parlamentar da Primeira República*. São Paulo: Companhia Editora Nacional, 1968.

Capítulo 11

1. Tefé, Nair de. *A verdade sobre a Revolução de 22*. Rio de Janeiro: Gráfica Portinho Cavalcante, 1974.
2. Silva, Hélio. *1922: sangue na areia de Copacabana*. Rio de Janeiro: Civilização Brasileira, 1971.
3. Fonseca Filho, Hermes da. *Marechal Hermes*: dados para uma biografia. Rio de Janeiro: IBGE, 1961.
4. Ibidem.
5. Chevalier, Tenente. *Memórias de um revoltoso ou legalista?* Niterói: Gráfica Victoria, 1927.

6. Tefé, Nair de. *A verdade sobre a Revolução de 22*. Rio de Janeiro: Gráfica Portinho Cavalcante, 1974.
7. Ibidem.
8. Fonseca Filho, Hermes da. *Marechal Hermes*: dados para uma biografia. Rio de Janeiro: IBGE, 1961.
9. Carneiro, Gláucio. *O revolucionário Siqueira Campos*. Rio de Janeiro: Record, 1966.

Capítulo 12

1. Gabaglia, Laurita Pessoa Raja. *Epitácio Pessoa (1865-1942)*. Rio de Janeiro: José Olympio, 1951.
2. Silva, Hélio. *1922*: sangue na areia de Copacabana. Rio de Janeiro: Civilização Brasileira, 1971.
3. Carone, Edgard. *O tenentismo*. São Paulo: Difel, 1975.
4. Vianna, Marly de A. G. *Luís Carlos Prestes*. Revista *Novos Rumos*, São Paulo, Ano 13, nº 27, verão de 1998.
5. Carneiro, Glauco. *O revolucionário Siqueira Campos*. Rio de Janeiro: Record, 1966.
6. Silva, Hélio. *1922*: sangue na areia de Copacabana. Rio de Janeiro: Civilização Brasileira, 1971.
7. McCann, Frank D. *Soldados da pátria*: história do Exército brasileiro, 1889-1937. São Paulo: Companhia das Letras, 2015.
8. Oliveira, Nelson Tabajara de. *1924*: a revolução de Isidoro. São Paulo: Companhia Editora Nacional, 1956.
9. Drumond, Cosme Degenar. *O brigadeiro*: Eduardo Gomes, trajetória de um herói. São Paulo: Editora de Cultura, 2012.
10. Silva, Hélio. *1922*: sangue na areia de Copacabana. Rio de Janeiro: Civilização Brasileira, 1971.
11. Ibidem.
12. Carneiro, Glauco. *O revolucionário Siqueira Campos*. Rio de Janeiro: Record, 1966.
13. Ibidem.

14. Lisboa, Rosalina Coelho. ... *a seara de Caim*. Rio de Janeiro: José Olympio, 1952.
15. Carvalho, Marechal Setembrino de. *Memórias*: dados para a história do Brasil. Rio de Janeiro: [s.n.], 1950.
16. Carone, Edgard. *O tenentismo*. São Paulo: Difel, 1975.
17. Carvalho, Marechal Setembrino de. *Memórias*: dados para a história do Brasil. Rio de Janeiro: [s. n.], 1950.

Capítulo 13

1. *Correio da Manhã*, 6 de julho de 1922.
2. Carneiro, Glauco. *O revolucionário Siqueira Campos*. Rio de Janeiro: Record, 1966.
3. Silva, Hélio. *1922*: sangue na areia de Copacabana. Rio de Janeiro: Civilização Brasileira, 1971.
4. *Gazeta de Notícias*, 6 de julho de 1922.
5. *O Imparcial*, 6 de julho de 1922.
6. *Gazeta de Notícias*, 6 de julho de 1922.
7. Castro, Ruy. *A noite do meu bem*. São Paulo: Companhia das Letras, 2015.
8. *O Imparcial*, 6 de julho de 1922.
9. Carneiro, Glauco. *O revolucionário Siqueira Campos*. Rio de Janeiro: Record, 1966.
10. Silva, Hélio. *1922*: sangue na areia de Copacabana. Rio de Janeiro: Civilização Brasileira, 1971.
11. *Gazeta de Notícias*, 6 de julho de 1922.
12. Silva, Hélio. *1922*: sangue na areia de Copacabana. Rio de Janeiro: Civilização Brasileira, 1971.
13. *Gazeta de Notícias* e *O Imparcial*, 6 de julho de 1922.
14. Magalhães, Juracy; Gueiros, J. A. *O último tenente*. Rio de Janeiro: Record, 1996.
15. Carneiro, Glauco. *O revolucionário Siqueira Campos*. Rio de Janeiro: Record, 1966.
16. Ibidem.

17. Gabaglia, Laurita Pessoa Raja. *Epitácio Pessoa (1865-1942)*. Rio de Janeiro: José Olympio, 1951.
18. Silva, Hélio. *1922*: sangue na areia de Copacabana. Rio de Janeiro: Civilização Brasileira, 1971.
19. Ibidem.

Capítulo 14

1. *O Paiz*, 7 de julho de 1922.
2. *O Imparcial*, 7 de julho de 1922.
3. *Correio da Manhã*, 7 de julho de 1922.
4. *Gazeta de Notícias*, 27 de julho de 1922.
5. *O Paiz*, 7 de julho de 1922.
6. Carneiro, Glauco. *O revolucionário Siqueira Campos*. Rio de Janeiro: Record, 1966.
7. Silva, Hélio. *1922*: sangue na areia de Copacabana. Rio de Janeiro: Civilização Brasileira, 1971.
8. Silva, Luzia Gabriele Maia. "Vida e obra de Rosalina Coelho Lisboa". Disponível em: http://www.snh2013.anpuh.org/resources/anais/27/1364593168_ARQUIVO_VidaeobradeRosalinaCoelhoLisboa.pdf
9. *O Paiz*, 7 de julho de 1922.
10. Carneiro, Glauco. *O revolucionário Siqueira Campos*. Rio de Janeiro: Record, 1966.
11. Ibidem.
12. Lisboa, Rosalina Coelho. ... *a seara de Caim*. Rio de Janeiro: José Olympio, 1952.
13. Silva, Hélio. *1922*: sangue na areia de Copacabana. Rio de Janeiro: Civilização Brasileira, 1971.
14. *O Paiz*, 7 de julho de 1922.
15. Gabaglia, Laurita Pessoa Raja. *Epitácio Pessoa (1865-1942)*. Rio de Janeiro: José Olympio, 1951.
16. *Gazeta de Notícias*, 7 de julho de 1922.
17. Silva, Hélio. *1922*: sangue na areia de Copacabana. Rio de Janeiro: Civilização Brasileira, 1971.

18. Ibidem.
19. Carneiro, Glauco. *O revolucionário Siqueira Campos*. Rio de Janeiro: Record, 1966.
20. Silva, Hélio. *1922*: sangue na areia de Copacabana. Rio de Janeiro: Civilização Brasileira, 1971.
21. *Correio da Manhã*, 3 de julho de 1963.
22. Silva, Hélio. *1922*: sangue na areia de Copacabana. Rio de Janeiro: Civilização Brasileira, 1971.
23. Carneiro, Glauco. *O revolucionário Siqueira Campos*. Rio de Janeiro: Record, 1966.
24. Silva, Hélio. *1922*: sangue na areia de Copacabana. Rio de Janeiro: Civilização Brasileira, 1971.
25. Carneiro, Glauco. *O revolucionário Siqueira Campos*. Rio de Janeiro: Record, 1966.
26. Ibidem.
27. *O Paiz*, 12 de julho de 1922.

Capítulo 15

1. *Correio da Manhã*, 7 de julho de 1922.
2. Oliveira, Nelson Tabajara de. *1924*: a revolução de Isidoro. São Paulo: Companhia Editora Nacional, 1956.
3. *O Paiz*, 7 de julho de 1922.
4. McCann, Frank D. *Soldados da pátria*: história do Exército brasileiro, 1889-1937. São Paulo: Companhia das Letras, 2015.
5. Pinho, Celso Luís. *São Paulo, 1924*. São Paulo: Gregory, 2012.
6. Silva, Hélio. *1922*: sangue na areia de Copacabana. Rio de Janeiro: Civilização Brasileira, 1971.
7. *Gazeta de Notícias*, 8 de julho de 1922.
8. Drumond, Cosme Degenar. *O brigadeiro*: Eduardo Gomes, trajetória de um herói. São Paulo: Editora de Cultura, 2012.

Capítulo 16

1. Pinho, Celso Luiz. *São Paulo, 1924*. São Paulo: Gregory, 2012.
2. Barros, João Alberto Lins de. *Memórias de um revolucionário*. Rio de Janeiro: Civilização Brasileira, 1953.
3. Carone, Edgard. *O tenentismo*. São Paulo: Difel, 1975.
4. Ibidem.
5. Assunção, Moacir. *São Paulo deve ser destruída*. Rio de Janeiro: Record, 2015.
6. Pinho, Celso Luiz. *São Paulo, 1924*. São Paulo: Gregory, 2012.
7. Costa, Yuri Abyaza. *Miguel Costa*: um herói brasileiro. São Paulo: Imprensa Oficial, 2010.
8. Bassanezi, Maria; Scott, Ana; Bacellar, Carlos; Truzzi, Oswaldo. "Atlas da imigração internacional em São Paulo 1850-1850". Disponível em: http://www.arquivoestado.sp.gov.br/imigracao/estatisticas.php
9. Assunção, Moacir. *São Paulo deve ser destruída*. Rio de Janeiro: Record, 2015.
10. Toledo, Roberto Pompeu de. *A capital da vertigem*: uma história de São Paulo de 1900 a 1954. São Paulo: Companhia das Letras, 2015.
11. Lopreato, Christina da Silva Roquette. *O espírito da revolta*: a greve geral anarquista de 1917. Campinas: Unicamp, 1996. Tese (Doutorado em História).
12. Sevcenko, Nicolau. *Orfeu extático na metrópole*: São Paulo, sociedade e cultura nos frementes anos 20. São Paulo: Companhia das Letras, 1992.
13. Távora, Juarez. *Uma vida e muitas lutas*: memórias. Rio de Janeiro: Biblioteca do Exército, 1974.
14. Noronha, Abílio de. *Narrando a verdade*. São Paulo: Editora Monteiro Lobato, 1924.
15. Pinho, Celso Luiz. *São Paulo, 1924*. São Paulo: Gregory, 2012.
16. Noronha, Abílio de. *Narrando a verdade*. São Paulo: Editora Monteiro Lobato, 1924.
17. Távora, Juarez. *Uma vida e muitas lutas*: memórias. Rio de Janeiro: Biblioteca do Exército, 1974.

18. Lima, Lourenço Moreira. *A Coluna Prestes*: marchas e combates. São Paulo: Alfa-Omega, 1979.
19. Noronha, Abílio de. *Narrando a verdade*. São Paulo: Editora Monteiro Lobato, 1924.

Capítulo 17

1. *O Estado de S. Paulo*, 6 de julho de 1924.
2. Costa, Cyro; Goes, Eurico de. *Sob a metralha*: histórico da revolta em São Paulo de 5 de julho de 1924. São Paulo: Editora Monteiro Lobato, 1924.
3. Carone, Edgard. *O tenentismo*. São Paulo: Difel, 1975.
4. Andrade, Oswald de. *Ponta de lança*. Rio de Janeiro: Civilização Brasileira, 1971.
5. Amaral, Aracy A. *Tarsila cronista*. São Paulo: Editora 34/Edusp, 2003.
6. Assunção, Moacir. *São Paulo deve ser destruída*. Rio de Janeiro: Record, 2015.
7. Costa, Cyro; Goes, Eurico de. *Sob a metralha*: histórico da revolta em São Paulo de 5 de julho de 1924. São Paulo: Editora Monteiro Lobato, 1924.
8. Cabanas, João. *A coluna da morte*. São Paulo: Unesp, 2014.
9. Pinho, Celso Luiz. *São Paulo, 1924*. São Paulo: Gregory, 2012.
10. Costa, Cyro; Goes, Eurico de. *Sob a metralha*: histórico da revolta em São Paulo de 5 de julho de 1924. São Paulo: Editora Monteiro Lobato, 1924.
11. Pinho, Celso Luiz. *São Paulo, 1924*. São Paulo: Gregory, 2012.
12. Lima, Lourenço Moreira. *A Coluna Prestes*: marchas e combates. São Paulo: Alfa-Omega, 1979.
13. Pinho, Celso Luiz. *São Paulo, 1924*. São Paulo: Gregory, 2012.

Capítulo 18

1. Lima, Lourenço Moreira. *A Coluna Prestes*: marchas e combates. São Paulo: Alfa-Omega, 1979.
2. Pinho, Celso Luiz. *São Paulo, 1924*. São Paulo: Gregory, 2012.
3. *O Estado de S. Paulo*, 9 de julho de 1924.

4. Andrade, Oswald de. *Ponta de lança*. Rio de Janeiro: Civilização Brasileira, 1971.
5. Duarte, Paulo. *Agora nós!* São Paulo: Imprensa Oficial, 2007.
6. Assunção, Moacir. *São Paulo deve ser destruída*. Rio de Janeiro: Record, 2015.
7. Silva, Hélio. *1922*: sangue na areia de Copacabana. Rio de Janeiro: Civilização Brasileira, 1971.
8. Pinho, Celso Luiz. *São Paulo, 1924*. São Paulo: Gregory, 2012.
9. Costa, Yuri Abyaza. *Miguel Costa*: um herói brasileiro. São Paulo: Imprensa Oficial, 2010.
10. Oliveira, Nelson Tabajara de. *1924*: a revolução de Isidoro. São Paulo: Companhia Editora Nacional, 1956.
11. Carone, Edgard. *O tenentismo*. São Paulo: Difel, 1975.
12. Cabanas, João. *A coluna da morte*. São Paulo: Unesp, 2014.
13. *O Estado de S. Paulo*, 10 de julho de 1924.
14. Cabanas, João. *A coluna da morte*. São Paulo: Unesp, 2014.
15. Duarte, Paulo. *Agora nós!* São Paulo: Imprensa Oficial, 2007.
16. Lima, Lourenço Moreira. *A Coluna Prestes*: marchas e combates. São Paulo: Alfa-Omega, 1979.

Capítulo 19

1. Cabanas, João. *A coluna da morte*. São Paulo: Unesp, 2014.
2. Soares, José Carlos de Macedo. *Justiça*: a revolta militar em São Paulo. Paris: [s. n.], 1925.
3. Silva, Hélio. *1922*: sangue na areia de Copacabana. Rio de Janeiro: Civilização Brasileira, 1971.
4. Assunção, Moacir. *São Paulo deve ser destruída*. Rio de Janeiro: Record, 2015.
5. Pinho, Celso Luiz. *São Paulo, 1924*. São Paulo: Gregory, 2012.
6. Soares, José Carlos de Macedo. *Justiça*: a revolta militar em São Paulo. Paris: [s. n.], 1925.
7. Carone, Edgard. *O tenentismo*. São Paulo: Difel, 1975.

8. *O Estado de S. Paulo*, 10 de julho de 1924.
9. Assunção, Moacir. *São Paulo deve ser destruída*. Rio de Janeiro: Record, 2015.
10. Cabanas, João. *A coluna da morte*. São Paulo: Unesp, 2014.
11. Assunção, Moacir. *São Paulo deve ser destruída*. Rio de Janeiro: Record, 2015.

Capítulo 20

1. Toledo, Roberto Pompeu de. *A capital da vertigem*: uma história de São Paulo de 1900 a 1954. São Paulo: Companhia das Letras, 2015.
2. Pinho, Celso Luiz. *São Paulo, 1924*. São Paulo: Gregory, 2012.
3. Noronha, Abílio de. *Narrando a verdade*. São Paulo: Editora Monteiro Lobato, 1924.
4. Assunção, Moacir. *São Paulo deve ser destruída*. Rio de Janeiro: Record, 2015.
5. Duarte, Paulo. *Agora nós!* São Paulo: Imprensa Oficial, 2007.
6. Costa, Cyro; Goes, Eurico de. *Sob a metralha*: histórico da revolta em São Paulo de 5 de julho de 1924. São Paulo: Editora Monteiro Lobato, 1924.
7. Lima, Lourenço Moreira. *A Coluna Prestes*: marchas e combates. São Paulo: Editora Alfa-Omega, 1979.
8. Costa, Cyro; Goes, Eurico de. *Sob a metralha*: histórico da revolta em São Paulo de 5 de julho de 1924. São Paulo: Editora Monteiro Lobato, 1924.
9. Machado, Paulo Pinheiro. "Guerra, cerco, fome e epidemias: memórias e experiências dos sertanejos do Contestado". Disponível em: http://www.scielo.br/pdf/topoi/v12n22/1518-3319-topoi-12-22-00178.pdf
10. Assunção, Moacir. *São Paulo deve ser destruída*. Rio de Janeiro: Record, 2015.
11. McCann, Frank D. *Soldados da pátria*: história do Exército brasileiro, 1889-1937. São Paulo: Companhia das Letras, 2015.
12. Noronha, Abílio de. *Narrando a verdade*. São Paulo: Editora Monteiro Lobato, 1924.
13. Pinho, Celso Luiz. *São Paulo, 1924*. São Paulo: Gregory, 2012.

14. Carneiro, Glauco. *O revolucionário Siqueira Campos*. Rio de Janeiro: Record, 1966.
15. Silva, Hélio. *1922*: sangue na areia de Copacabana. Rio de Janeiro: Civilização Brasileira, 1971.
16. Pinho, Celso Luiz. *São Paulo, 1924*. São Paulo: Gregory, 2012.
17. Costa, Cyro; Goes, Eurico de. *Sob a metralha*: histórico da revolta em São Paulo de 5 de julho de 1924. São Paulo: Editora Monteiro Lobato, 1924.
18. Ibidem.
19. Soares, José Carlos de Macedo. *Justiça*: a revolta militar em São Paulo. Paris: [s. n.], 1925.
20. Pinho, Celso Luiz. *São Paulo, 1924*. São Paulo: Gregory, 2012.
21. *O Estado de S. Paulo*, 26 de setembro de 2010.
22. Távora, Juarez. *Uma vida e muitas lutas*: memórias. Rio de Janeiro: Biblioteca do Exército, 1974.
23. Cabanas, João. *A coluna da morte*. São Paulo: Unesp, 2014.
24. *O Imparcial*, Ceará, 18 de fevereiro de 1927.
25. Barros, João Alberto Lins de. *Memórias de um revolucionário*. Rio de Janeiro: Civilização Brasileira, 1953.
26. *Correio da Manhã*, 1º de fevereiro de 1927.
27. Pinho, Celso Luiz. *São Paulo, 1924*. São Paulo: Gregory, 2012.
28. Silva, Hélio. *1922*: sangue na areia de Copacabana. Rio de Janeiro: Civilização Brasileira, 1971.
29. Assunção, Moacir. *São Paulo deve ser destruída*. Rio de Janeiro: Record, 2015.
30. Távora, Juarez. *Uma vida e muitas lutas*: memórias. Rio de Janeiro: Biblioteca do Exército, 1974.
31. *Correio da Manhã*, 19 de julho de 1929.
32. *Correio da Manhã*, 1º de fevereiro de 1927.
33. Costa, Cyro; Goes, Eurico de. *Sob a metralha*: histórico da revolta em São Paulo de 5 de julho de 1924. São Paulo: Editora Monteiro Lobato, 1924.
34. Silva, Hélio. *1922*: sangue na areia de Copacabana. Rio de Janeiro: Civilização Brasileira, 1971.
35. Martins, José de Souza. *Subúrbio*: vida cotidiana e história no subúrbio da cidade de São Paulo. São Paulo: Hucitec, 1992.

NOTAS E REFERÊNCIAS BIBLIOGRÁFICAS

36. Assunção, Moacir. *São Paulo deve ser destruída*. Rio de Janeiro: Record, 2015.
37. Ibidem.
38. Silva, Hélio. *1922*: sangue na areia de Copacabana. Rio de Janeiro: Civilização Brasileira, 1971.
39. Costa, Cyro; Goes, Eurico de. *Sob a metralha*: histórico da revolta em São Paulo de 5 de julho de 1924. São Paulo: Editora Monteiro Lobato, 1924.
40. Duarte, Paulo. *Agora nós!* São Paulo: Imprensa Oficial, 2007.
41. Lima, Lourenço Moreira. *A Coluna Prestes*: marchas e combates. São Paulo: Alfa-Omega, 1979.

Capítulo 21

1. Gomes, Marco Aurélio Andrade de Filgueiras. *Cultura e política*: uma conversa com Rubens Borba de Moraes. Revista de Urbanismo e Arquitetura (RUA), Salvador, v 5, nº 1, 1999.
2. Cendrars, Blaise; Eulálio, Alexandre; Calil, Carlos Augusto. *A aventura brasileira de Blaise Cendrars*. São Paulo: Edusp, 2001.
3. Pinho, Celso Luiz. *São Paulo, 1924*. São Paulo: Gregory, 2012.
4. Assunção, Moacir. *São Paulo deve ser destruída*. Rio de Janeiro: Record, 2015.
5. Silva, Hélio. *1922*: sangue na areia de Copacabana. Rio de Janeiro: Civilização Brasileira, 1971.
6. Assunção, Moacir. *São Paulo deve ser destruída*. Rio de Janeiro: Record, 2015.

Capítulo 22

1. Távora, Juarez. *Uma vida e muitas lutas*: memórias. Rio de Janeiro: Biblioteca do Exército, 1974.
2. Carneiro, Glauco. *O revolucionário Siqueira Campos*. Rio de Janeiro: Record, 1966.
3. Oliveira, Nelson Tabajara de. *1924*: a revolução de Isidoro. São Paulo: Companhia Editora Nacional, 1956.

4. Magalhães, Juracy; Gueiros, J. A. *O último tenente*. Rio de Janeiro: Record, 1996.
5. Lima, Lourenço Moreira. *A Coluna Prestes*: marchas e combates. São Paulo: Alfa-Omega, 1979.
6. Vianna, Marly de A. G. *Luís Carlos Prestes*. Rio de Janeiro: Biblioteca do Exército, 1974.
7. Reis, Daniel Aarão. *Luís Carlos Prestes*: um revolucionário entre dois mundos. São Paulo: Companhia das Letras, 2014.
8. Lima, Lourenço Moreira. *A Coluna Prestes*: marchas e combates. São Paulo: Alfa-Omega, 1979.
9. Oliveira, Nelson Tabajara de. *1924*: a revolução de Isidoro. São Paulo: Companhia Editora Nacional, 1956.
10. Barros, João Alberto Lins de. *Memórias de um revolucionário*. Rio de Janeiro: Civilização Brasileira, 1953.
11. Távora, Juarez. *Uma vida e muitas lutas*: memórias. Rio de Janeiro: Biblioteca do Exército, 1974.
12. Barros, João Alberto Lins de. *Memórias de um revolucionário*. Rio de Janeiro: Civilização Brasileira, 1953.
13. Távora, Juarez. *Uma vida e muitas lutas*: memórias. Rio de Janeiro: Biblioteca do Exército, 1974.
14. Ibidem.
15. Oliveira, Nelson Tabajara de. *1924*: a revolução de Isidoro. São Paulo: Companhia Editora Nacional, 1956.
16. Carneiro, Glauco. *O revolucionário Siqueira Campos*. Rio de Janeiro: Record, 1966.
17. Sodré, Nelson Werneck. *A Coluna Prestes*. São Paulo: Círculo do Livro, 1982.
18. Barros, João Alberto Lins de. *Memórias de um revolucionário*. Rio de Janeiro: Civilização Brasileira, 1953.

Capítulo 23

1. Barros, João Alberto Lins de. *Memórias de um revolucionário*. Rio de Janeiro: Civilização Brasileira, 1953.

NOTAS E REFERÊNCIAS BIBLIOGRÁFICAS

2. Oliveira, Nelson Tabajara de. *1924*: a revolução de Isidoro. São Paulo: Companhia Editora Nacional, 1956.
3. Sodré, Nelson Werneck. *A Coluna Prestes*. São Paulo: Círculo do Livro, 1982.
4. *Roda Viva*, TV Cultura, 1986. Disponível em: https://www.youtube.com/watch?v=U5_BRVNfpjA
5. Reis, Daniel Aarão. *Luís Carlos Prestes: um revolucionário entre dois mundos*. São Paulo: Companhia das Letras, 2014.
6. Cabanas, João. *A coluna da morte*. São Paulo: Unesp, 2014.
7. Oliveira, Nelson Tabajara de. *1924*: a revolução de Isidoro. São Paulo: Companhia Editora Nacional, 1956.
8. Pinho, Celso Luiz. *São Paulo, 1924*. São Paulo: Gregory, 2012.
9. Lima, Lourenço Moreira. *A Coluna Prestes*: marchas e combates. São Paulo: Alfa-Omega, 1979.

Depois: a revolução

1. Barros, João Alberto Lins de. *Memórias de um revolucionário*. Rio de Janeiro: Civilização Brasileira, 1953.
2. Oliveira, Nelson Tabajara de. *1924*: a revolução de Isidoro. São Paulo: Companhia Editora Nacional, 1956.
3. Carneiro, Glauco. *O revolucionário Siqueira Campos*. Rio de Janeiro: Record, 1966.
4. Barros, João Alberto Lins de. *Memórias de um revolucionário*. Rio de Janeiro: Civilização Brasileira, 1953.
5. *Roda Viva*, TV Cultura, 1986. Disponível em: https://www.youtube.com/watch?v=U5_BRVNfpjA

Os tenentes e 1964

1. Magalhães, Juracy; Gueiros, J. A. *O último tenente*. Rio de Janeiro: Record, 1996.

Índice onomástico

Abílio de Noronha, 130, 132, 136-139, 141, 142, 165, 167, 171, 175, 225
Afonso (Perigoso) (soldado), 173
Afonso Pena, 56
Afrânio de Melo Franco, 73, 77
Alberto Santos Dumont, 16
Almírio de Campos, 142
Álvaro Barbosa Lima, 94, 95
Álvaro de Carvalho, 73, 74, 77
Álvaro de Tefé, 24
Álvaro Ribeiro da Costa, 98
André Gustavo Paulo de Frontin (Paulo de Frontin), 21, 29, 35, 36, 57, 65, 69
André Malraux, 208
Aníbal Benévolo, 183, 185, 192
Anita Leocádia Benário Prestes, 208
Anna Schmidt Werner, 165
Antônio Augusto Borges de Medeiros (Borges de Medeiros), 40, 50, 58, 59, 74, 77, 189
Antônio Azeredo, 73, 74, 77, 78
Antônio Bueno Salgado, 165
Antônio de Giani, 171
Antônio de Santos Figueiredo, 143
Antônio de Siqueira Campos (Siqueira Campos), 70, 83, 89, 93, 96, 108, 112, 114, 118, 120, 122, 141, 185, 187, 191, 193, 195, 197, 199, 204, 206, 208, 210, 211, 216-218, 220, 223, 224
Antônio Lobo, 145
Antônio Pietscher, 130, 139, 146, 147, 158, 159
Aprígio dos Anjos, 79
Ari (filho de Pedro Crisol Fernandes Brasil), 116
Arnolfo Azevedo, 73
Arthur Bernardes, 21, 40, 42, 55-59, 62-65, 68, 70, 71, 73, 75, 76, 78, 103, 122, 135, 143, 156, 157, 167, 168, 170, 179, 180, 190, 202

Artur da Costa e Silva, 98, 206, 217
Asdrúbal Gwyer de Azevedo, 129, 137, 169, 195
Astrojildo Pereira, 208
Augusto dos Anjos, 79

Barão de Nova Friburgo, 31
Barão de Tefé 26, 29, 35
Barão e Baronesa de Tefé, 202
Barão do Javari, 35
Barão do Rio Branco, 16, 52
Barão do Rio Negro, 39
Baronesa de Loreto, 15
Belisário de Moura, 75
Benjamin Barroso, 103, 104
Bento Bueno, 130, 142, 150, 151, 174, 175
Bento Ribeiro, 50
Bernardino de Campos, 39, 143
Blaise Cendrars, 178, 220
Boaventura Fernandes, 160
Bonifácio Gomes da Costa (Bonifácio da Costa), 70, 90, 93, 94, 105, 106, 123

Café Filho, 205, 211
Caio Prado Júnior, 207
Cândida (esposa de João Alberto Lins de Barros), 188
Cândido Rondon, 50, 186
Carlos Arlindo, 151
Carlos de Campos, 21, 39, 40, 130, 132, 141, 143, 150, 151, 153, 157, 167, 173-175, 178, 179, 195

Carlos Frederico Lacerda (Carlos Lacerda), 44, 203, 205, 209
Carlos Herdler, 172, 173
Carlos Marighella, 209
Carlos Sampaio, 12
Carmela Caprava (esposa de João Caprava), 173
Castro Alves, 51
Celso Barroso, 171
Charles Chaplin, 14
Charles Miller, 144
Clélia Bernardes, 42
Conde d'Eu, 14, 25
Cristiano Machado, 205
Custódio de Oliveira, 129, 136, 141

Delso Mendes da Fonseca, 96, 122
Deodoro da Fonseca (menino), 12, 14
Deodoro da Fonseca (presidente), 25, 37, 46, 59, 93, 134, 215
Dinorah (filha de Anna Schimidt), 165
Dom Duarte Leopoldo e Silva, 143, 168 - 170
Dom Pedro II, 14, 39, 138
Domingos Fernandes, 161
Domingos Quirino Ferreira, 132
Dona Orsina (primeira esposa de Hermes da Fonseca), 25
Dona Sara (esposa de Bonifácio da Costa), 107
Dona Teresa Cristina, 14

ÍNDICE ONOMÁSTICO

Edgard Carone, 226
Edgard de Oliveira (árbitro), 14
Edmundo Bittencourt, 22, 37, 61 - 63, 107
Eduardo Arthur Sócrates (Eduardo Sócrates), 130, 151, 166, 167, 169, 178
Eduardo Gomes (Eugênio Guimarães [sobrenome]), 82, 89, 94, 108-110, 114, 117, 118, 121-123, 129, 131, 132, 141, 146, 150, 172, 203-205, 209, 210, 212, 216, 217, 222
Eduardo Sá de Siqueira Montes, 188
Egídio de Castro Silva, 110
Emílio Garrastazu Médici, 217
Epitácio Pessoa, 14, 21, 27, 31-33, 39, 40, 42, 45, 46, 49, 55, 57,63, 73-77, 81, 82, 90, 91, 103, 105, 106, 112, 114, 116, 121, 122, 200-202
Ernesto Geisel, 217
Estácio Coimbra, 43, 44, 47
Estanislau Pamplona, 151
Euclides de Figueiredo,
Euclides Hermes da Fonseca (Euclides Hermes), 38, 82, 89, 93, 102, 104, 109, 111, 112, 203
Eurico de Góes, 130, 145
Eurico Gaspar Dutra, 49, 107, 203, 205, 209, 212

Fábio de Sá Earp, 75
Família Duvivier, 36
Família Guinle, 14, 36-38, 106
Família Matarazzo, 155, 160
Família Pessoa de Queiroz, 80
Família Smith de Vasconcelos, 36
Família Werneck, 45
Fernando Collor de Mello, 210
Fernando Henrique Cardoso, 49
Fernando Setembrino de Carvalho (Setembrino de Carvalho), 90, 97, 98, 122, 143, 166-168
Fidel Castro, 200
Firmiano de Morais Pinto (Firmiano Pinto), 130, 157-159, 167, 179
Flávio dos Santos, 75
Francisco Matarazzo, 134
Francisco Morato, 179, 180
Francisco Pereira Passos, 36
Francisco Rodrigues Alves, 53
Francisco Sá, 103
Frederico Cristiano Buys, 89, 94, 95, 98, 99
Friedrich Engels, 44
Fulgêncio Batista, 208

Gabriel de Souza Pereira Botafogo, 79, 80
Gago Coutinho, 79
Gaspar Silveira Martins, 51
Geminiano da Franca, 90, 107
Getúlio Dornelles Vargas (Getúlio Vargas), 200-203, 205-209, 211-213, 215, 217, 220, 222, 223
Gilberto Freyre, 43, 205
Golbery do Couto e Silva, 218

Hastínfilo de Moura, 90, 111, 122
Hélio Silva, 226
Henrique Morize, 12
Hermes Rodrigues da Fonseca (Hermes da Fonseca), 21, 22, 24-29, 31-33, 36-38, 41, 42, 45, 49, 50, 53, 55, 57-59, 63-65, 68-70, 74, 79-83, 89, 92-94, 98, 99, 104-106, 112, 122, 123, 135, 202, 204, 216
Honório Lemes, 183, 190, 191
Humberto Castelo Branco (Castelo Branco), 206, 211, 217, 223

Índio do Brasil, 129, 133, 139, 146, 147, 158
Irineu Machado, 62, 63
Irineu Marinho, 107
Isidoro Dias Lopes, 129, 135-138, 147, 149, 151, 154, 158, 159, 166, 169-171, 175, 177, 178, 186, 193-195, 206, 212, 213

Jaime Pessoa, 80
Jânio Quadros, 215
Jesus Munhares, 165
João Alberto Lins de Barros (Nelson Costa [codinome]), 183, 188-191, 193, 194, 197-199, 206-208, 210-213, 218, 221, 225
João Amazonas, 209
João Baptista de Figueiredo, 217
João Cabanas, 129, 144, 145, 153, 155, 160, 164, 169, 194, 212, 225

João Cândido Felisberto, 25
João Caprava, 173
João Francisco Pereira de Sousa, 129, 138, 149, 191, 193, 195, 213
João Francisco Sauwen, 117
João Goulart (Jango), 205, 209, 215, 223
João Maria Xavier de Brito, 89, 92, 98, 99, 206
João Nepomuceno da Costa, 90, 99, 101, 105-108, 116
João Pandiá Calógeras (Pandiá Calógeras), 21, 27, 28, 73, 80, 90, 96, 97, 104
João Pedro da Veiga Miranda, 73
João Pessoa, 201, 202
João Segadas Viana (Segadas Viana), 117, 118
Joaquim Fernandes do Nascimento Távora (J. Fernandes [codinome]), 123, 129, 131, 132, 136-139, 145, 169, 172, 186, 221
Joaquim Ferreira Chaves, 57
Joaquim Nabuco, 50
Joaquina Anália, 56
Jorge Street, 163
José Barbosa Monteiro, 95, 97
José Becker Azamor, 75
José Bezerra, 40, 55, 59
José Carlos de Macedo Soares, 130, 156-159, 167, 174, 175, 179, 225
José da Silva Barbosa, 93, 94
José de Magalhães Pinto, 206

ÍNDICE ONOMÁSTICO

José Eduardo de Macedo Soares, 156
José Joaquim Seabra (J. J. Seabra), 40, 55, 59, 65, 123, 201
Josef Stalin, 208, 209
Joviniano Brandão, 151
Juarez Fernandes Távora (Juarez Távora), 123, 129, 136, 159, 169, 171, 175, 183, 186-188, 190, 191, 195, 205, 206, 210, 216, 222, 225
Júlio Bueno Brandão, 73
Júlio de Mesquita Filho, 158
Júlio Prestes, 201, 202
Juracy Magalhães, 216
Juscelino Kubitschek (JK), 205, 207, 209, 211
Justo Mendes de Moraes, 179

Karl Marx, 44
Kunz (goleiro do Flamengo), 14

Laurita Pessoa, 225
Leonel Brizola, 210
Leônidas Cardoso, 49
Leônidas Hermes da Fonseca, 91
Lima Barreto, 62
Louise Chabas, 37, 104
Lourenço Moreira Lima, 129, 147, 149, 165, 175, 226
Luís Carlos Prestes, 89, 92, 94, 98, 183, 187, 188, 192-194, 195, 197, 198, 199, 200, 204-212, 217, 221-223
Luísa Pereira de Souza, 191

Luiz Autran de Alencastro Graça (Alencastro Graça), 22, 53, 57, 59, 63
Luiz Inácio Lula da Silva, 210
Luiz Marcigaglia, 171

Machado de Assis, 51
Maneco Aranha, 189
Manuel Lopes Carneiro de Fontoura, 80, 90, 97
Manuel Bispo, 180
Mao Tsé-Tung, 208
Marcílio Franco, 130, 142, 146, 151
Maria da Costa, 13
Maria Leocádia Dodsworth, 35
Maria Zélia Street, 164
Marina Gomara, 226
Mário de Andrade, 177
Mário Hermes, 24, 31, 41, 83, 98
Mário Portela Fagundes, 194
Mário Rodrigues, 22, 62, 63, 107
Mário Rodrigues Filho, 63
Mário Tamarindo Carpenter (Mário Carpenter), 89, 94, 95, 109, 110, 113-115, 117, 118, 120, 121
Mary Pessoa, 31
Matilde Melchert da Fonseca, 156, 174
Maurício de Lacerda, 21, 44-47, 58, 67, 108, 123, 203
Miguel Costa, 129, 133, 136, 144, 145, 151, 152, 154, 159, 175, 186, 193, 195, 197, 200, 206-208, 211-213, 222

Monteiro Lobato, 114
Muniz (jogador de futebol), 14
Mustafa Kemal Atatürk, 26, 216

Nair de Tefé (Rian [pseudônimo]), 22, 24, 26, 27, 29, 35-38, 41, 42, 57, 79, 80, 82, 225
Nelson Rodrigues, 63
Nelson Tabajara de Oliveira, 225
Nestor Sezefredo dos Passos, 90, 95, 97, 99
Newton Estillac Leal, 129, 141, 142, 150, 153, 212
Newton Prado, 89, 108-111, 113, 114, 117, 120, 121
Nikita Kruchev, 209
Nilo Peçanha, 21, 56-59, 64, 68, 69, 71, 74, 81, 103, 123, 156, 201

Octavio Correia, 115, 118, 119
Olavo Bilac, 216
Oldemar Lacerda, 63
Olga Benário, 208
Olympia Gonçalves Pereira, 165
Osvaldo Cordeiro de Farias, 218
Oswald de Andrade, 143, 178
Oswaldo Aranha, 191
Oswaldo Cruz, 16
Otto von Bismarck, 26

Pablo Neruda, 208
Pacheco Chaves, 110, 111
Paul Pedraurrieux, 163

Paulo Duarte, 130, 150, 153, 158, 165, 173, 175, 225
Pedro Crisol Fernandes Brasil, 90, 116, 118
Pedro de Frontin, 47
Pedro Ferreira de Melo, 118
Pedro Miquelena, 117
Pedro Morais Pinto, 159
Pelágio Lobo, 145, 147
Péricles (filho de João Caprava), 173
Pilar Romar Castro, 66
Princesa Isabel, 14
Príncipe dom Pedro, 14
Prudente de Moraes, 217

Raul Soares de Moura (Raul Soares), 22, 65, 73, 75-77
Raymundo Silva, 107
Rodolfo Crespi, 134
Rômulo Fabrizzi, 89, 93, 185
Rosalina Coelho Lisboa, 114, 220, 223
Rubens Borba de Moraes, 177
Rubens Vaz, 205
Rui Barbosa, 16, 22, 25, 32, 37, 41, 50, 51, 53, 58, 59, 62, 68, 103, 138, 156, 180, 203

Sacadura Cabral, 79
Salvador Aragão, 119
Sandoval Cavalcanti, 185
Sebastião de Sousa Peçanha, 56
Sebastião Lacerda, 45
Severino Ribeiro, 80

ÍNDICE ONOMÁSTICO

Tancredo Neves, 210
Tarsila do Amaral, 178
Tertuliano de Albuquerque Potiguara, 90, 120, 121
Theda Bara, 14, 220
Tito Batini, 160
Torquato Moreira, 46

Urbano dos Santos, 58

Venceslau Brás, 45, 58
Vicente Piragibe, 43, 45-47
Washington Luís Pereira de Sousa (Washington Luís), 39, 40, 74, 143, 199-201, 204

Zenóbio Rodrigo Couto, 117, 118

Este livro foi composto na tipografia
Minion Pro Regular, em corpo 11,5/16, e impresso em
papel off-white no Sistema Digital Instant Duplex
da Divisão Gráfica da Distribuidora Record.